带团队

曾仕强 著

北京联合出版公司
Beijing United Publishing Co.,Ltd.

图书在版编目（CIP）数据

带团队 / 曾仕强著 . -- 北京：北京联合出版公司，2025.1. --ISBN 978-7-5596-8097-6

Ⅰ. F272.9

中国国家版本馆 CIP 数据核字第 2024702RF9 号

带团队

作　　者：曾仕强
出 品 人：赵红仕
选题策划：北京时代光华图书有限公司
责任编辑：徐　樟
特约编辑：陈　佳
封面设计：济南新艺书文化

北京联合出版公司出版
（北京市西城区德外大街 83 号楼 9 层　100088）
北京时代光华图书有限公司发行
涿州市京南印刷厂印刷　新华书店经销
字数 144 千字　880 毫米 ×1230 毫米　1/32　7.75 印张
2025 年 1 月第 1 版　2025 年 1 月第 1 次印刷
ISBN 978-7-5596-8097-6
定价：68.00 元

版权所有，侵权必究

未经书面许可，不得以任何方式转载、复制、翻印本书部分或全部内容
本书若有质量问题，请与本社图书销售中心联系调换。电话：010-82894445

引 言 /V

第一章　以人为本带团队 /001

以人为本的理念永不变　/003
组织成员的地位需调整　/007
团队管理的重点在于心　/020
合适的管理才是最好的　/024

第二章　领导是团队的核心 /031

领导是团队的向心力　/033
整合团队要从观念入手　/036
认清人的本性才是关键　/040
领导者应有的管理艺术　/044

第三章　干部是团队的支柱 /063

　　充实自己是成功之本 /065
　　相敬如宾是相处之道 /076
　　半推半就是授权之术 /099
　　皆大欢喜是沟通之妙 /106

第四章　员工是团队的基石 /113

　　成为最受欢迎的员工 /115
　　基层主管要善待员工 /122
　　团队领导要尊重员工 /128
　　如何挑选合适的员工 /139
　　如何培养优秀的员工 /144

第五章　团队内部要高度和谐 /157

　　用企业文化代替制度 /159
　　打造协同一致的团队 /171
　　实现协同一致的条件 /176
　　从依附感产生归属感 /181
　　构建蜘蛛网状的组织 /187

发挥树状的领导精神 /189
采取有效的激励方式 /199

第六章　团队外部要互利互惠 /211

提高自身核心竞争力 /213
达成共识建立密切关系 /215
要形成分中有合的观念 /223
建立重义气的人际网络 /225

现代化管理一定要与一个民族的性格特征及当地的文化紧密联系起来才会产生功效。中华民族是一个有着五千年历史的民族，古人流传下来的民族文化博大精深，因此，中国的团队形成了自己的特殊性。

不是所有的团体都能称为团队

在论述团队管理之前，首先要弄清楚一个概念——什么是团队？团队是现代管理中的一个重要概念，虽然很多人把"团队"挂在嘴边，但是并未真正理解"团队"的含义。实际上，"团"和"队"是两个不同的概念，"团"是指团体，不是所有的团体都能够叫作团队。要形成团体很容易，三人为众，就是说，把三五个人凑在一起，就会形成一个团体。而团队并不简单，不但要有"团"，还要有"队"。这里面牵涉两个很重要的概念，一个叫组织，一个叫组织力。一个团体能否发挥巨大的作用，关键在于它有没有组织力。有组织力的就被称为"队"，即具有协同一致的力量的团体才有资格叫作"队"。真正的团队既要有组织形式，又要有巨大而有效的组织力。否则，组织里的人就是一盘散沙，貌合神离，严重的还会天天内斗。

这就是团体和团队的不同。既然团队是有力量的组织，是不是所有的团体都应该发展成为团队呢？其实不然。有的只形成团体就足够了，例如一些民间团体，或者一般的棋友、酒友之类，这些人随兴而来，乘兴而归，合则留，不合则去，自由自在，并不需要很强的组织力和约束力。而有些组织，如企业、军队及政府部门等，它们有共同的目标，要完成一定的任务，必须形成强大的组织力，发展成团队。

形成团队并不是简单的事。首先，领导者的作用举足轻重。我们经常讲，一个团队的成败，领导者要负70%的责任，虽然他只有一个人。这就像二八定律，20%的人要负80%的责任，而80%的人只负20%的责任。

现代化企业最喜欢讲的就是，企业由少数人负责，由少数人维持，但是又强调全员经营。这两句互相矛盾的话如何能并存呢？关键在于找到平衡点。任何矛盾都是对立统一的，矛盾的两个方面必须联系起来。全员参与、全员经营，少数人负责、少数人维持，这两句话应该统一处理。过于强调企业是由少数人来维持的，就会变成专制，基层员工和高层主管的心会离得越来越远，更谈不上团队精神。如果强调全员经营，大家一起来负责，员工就会产生这样的疑问：既然是大家一起负责，那么领导凭什么领那么多薪水呢？

因此，要综合考虑，大家都有责任，最大的责任要由领导承担。领导要分权，让大家都参与进来，这时应当注意"度"的问题，即参与的人应该参与到什么程度，决定的人应该决定到什么程度。把握好"度"，才能找到平衡点。一个团队最重要的是大家要有共识，否则各唱各的调，各说各的话，每个人都坚持自己的立场，那就无法实现目标。而能否达成共识，领导是关键。

其次，团队必须要有核心。换句话说，既然让领导者肩负重大责任，就要确保他的核心地位，尊重他的最终裁决权。

再次，要有一致对外的态度。对内可以全员参与，大家多商量，但是对外的时候，只能有一个态度、一个说法。对外声音不一致的话，外面的人就会莫衷一是。

不要盲目学习别人的管理经验

构建中国式的团队，不要盲目学习别人的管理经验。社会上流传着"多学习没坏处"的观点，我并不赞成。人的大脑空间是有限的，如果不择良莠，什么东西都学，就会把脑袋变成垃圾桶，乱得一塌糊涂，根本整理不出头绪。

有一个时期，人们总有一种标杆意识，哪家公司做得好，就把它当成标杆，在各个方面都以它为榜样，这其实是非常危险的。学哪家公司都学不像，就算学得很像，效果也不会好。道理其实很简单，任何事情都有一般性和特殊性，就算有70%是相同的，那也有30%是不一样的。到底是相同的部分重要，还是不同的部分重要？

很多企业的目标都是大同小异的，但是怎么去实现企业目标，方法却是各不相同。为什么？因为这牵扯到人生观、价值观，还要因地制宜、因时制宜，并不是可以一概而论的。学习是件好事情，但是要学我们要用的、能用的知识，看见什么学什么只会浪费时间。

人们常说"要向某某看齐"，我对这句话不太认同。每一个人的才能是不同的，不可能做到全面发展。有些知识学了以后要调整，以便适合本身的需要和当时的环境，然后还要试用一下，确定没有任何问题之后才可以应用。不然，学会之后马上就用，用错了，谁来负这个责任？任何事都需要适当的热情、合理的执着，用心分辨、选择，找到适合自己的就要稳定下来，而不是总想着求新求变。

每一个时代、每一个阶段都有其重点，我们一定要抓住重点，顺应形势。30岁以前，你可能没有办法定下原则，最好到处去看看，对人对事不要妄下判断，因为这时的你判断力不够。但是30岁以后，就要定下自己的原则，适合你的，就去学，不适合的，就放弃。人的一生很短暂，什么都学的话，什么都学不好。只有选择了适合自己的东西，比较深入地研究，才能确定做什么。确定下来后就要好好去做，这样到了40岁时，才能不惑。如果没有自己的原则，一会儿学这个，一会儿做那个，那肯定会困惑。

团队管理必须结合当地的文化

团队管理必须结合当地的文化，否则只是空谈。一个好的东西，如果不能适应当地的风土人情，那是没有任何意义的。所以，在学习、工作中，我们不必分析民族性的优劣，也不必判断文化的好坏。

在现代，文化的作用越来越强，全世界都在梳理自己的文化体系。什么叫文化？我觉得，文是指花纹，就是花样的意思；化就是普遍的、能够为大家所吸纳并能表现出来的东西。化是没有痕迹的，把"花样"变成没有痕迹的东西，自然而然地让人接受并遵循，这就是文化。

外国人有外国人的生活方式，我们要尊重人家，即使接受不了，也不要去批评，接受不了只是因为我们了解得不够。全球化是当今社会的主流，但全球化并不意味着样样东西都要学，那样就会变成四不像。全球化也不代表统一，当一种文化强盛的时候，有人会妄想将这种文化推广到全世界，这个想法已经试了几百年，但是一直都没能成功。19世纪的英国非常辉煌，引起英语的流行，但是英语并不代表英国文化，英语只是一种语言工具，很多人都能流利地讲英语，但是很少有人明白英语单词的本义是什么。20世纪，美国最发达，凡是美国的就被认为是最先进的，大家都不约而同地向美国人学习，形成了一种风气。

既然团队管理要结合当地的文化，那我们必须要先了解当地的文化。每个地方的文化都不太一样，我们要把中国人的缺点当成优点来看，才能够管好中国人，否则就会感到无能为力。

在39岁以前，我觉得有的中国人花了太多时间"做人"，根本没有时间"做事"；有的中国人的聪明都用来钩心斗角，搞得别人乌烟瘴气，他在旁边看笑话。但是40岁以后，我彻底改变了观念，我认为自己犯了一个大错，就是用西方人的观点来评判中国人的行为，这样只会觉得中国人一无是处，乱七八糟。后来我用《易经》的观点来观察和评判中国人的行为，才发现中国人是乱中有序。

39岁那年是我人生的低潮期，当时我的身体非常不好，我常常想，做人这么辛苦，有什么意思？后来，我突然想到一个问题，既然没有统一的教科书教我们怎样做，为什么中国人会不约

引 言

而同地呈现出乱七八糟？当时我的想法是，中国人的状态非常糟糕，不改革就没有出路。但是转念一想，是我错了，我不应该用西方人的标准，而应该用中国人自己的标准来评判中国人。

于是，我把西方人和中国人的标准比较了一下。我发现，西方人通过天平来衡量物体，天平有固定的标准，平就是平，不平就是不平，没什么好争执的。而中国人用秤称东西时，秤杆不是高一点就是低一点，所以判断标准就成了"差不多"。

为什么会这样？我研究了一下，觉得中国人这样做很有深意。如果是朋友来了，我就尽量让秤杆高高的，多给一些；如果是陌生人，我就会尽量让秤杆低一点，这就叫亲疏有别。亲疏有别是社会发展的原动力之一，它促使人们广结善缘，以获得尽可能大的利益。

所以说，每一个民族都有不同的特性，不能简单说谁好谁坏，因为找不到评判的统一标准。你不能用日本人的标准来评判美国人，也不能用英国人的标准来评判中国人，这种评判是毫无意义的。美国人做什么都跟开玩笑一样，日本人做什么都是如临大敌，好像要打仗一样。你到英国的火车站去问："我要到某地，怎么坐车？"工作人员会说"我也不知道"。如果此事发生在中国，我们肯定会批评工作人员业务水平太差。但是在英国，工作人员根本不可能知道，因为英国的交通系统很复杂，每个人都是自己查路线图，否则谁也搞不清楚。这是具体情况所致，我们没有办法去批判他们。新加坡是有名的花园城市，非常干净，但是离警察局越近就越脏，为什么呢？因为新加坡在环保方面管得很严，在新加坡人看来，能够偷偷地把脏东西丢到警察局附近是一件很厉害的事，很刺激。这是新加坡人的一种乐趣，你可能不认同，但也无法批评他们。

　　有一句话叫合适的才是最好的。不要强迫自己变得和别人一样，不要盲目地适应别人，要了解别人的想法。当你发现不适合的时候，就要调整自己，这样才可以做一个快乐的领导者，做一个很有效率的人。找到适合中国人的管理方式，让人心甘情愿地做事情，就是最有效的管理。

第一章
以人为本带团队

第一章　以人为本带团队

以人为本的理念永不变

中国人很在意别人对自己的看法,因为中国的团队是互动型的,不提倡个人主义。曾有一种怪现象:越是名牌大学的毕业生,越不受企业的欢迎。关于这一点,企业的回答是,名牌大学的毕业生学问很好,但是太自我了,没办法和别人合作。

一个人要投入一个团体,就不能太自我。凡事好商量,遇到争执,各退一步,才能海阔天空,才能维护团结,否则就是一盘散沙。太过于自我的人,在公司里只能大材小用。即使他学问很好,专业素养也很好,可是老板只能让他做可以独立完成的项目,因为他跟谁都合不来。在美国,个人主义却可以行得通,你有能力,就要表现出来。但这样的人在中国往往会吃大亏,在中国,凡是有能力就马上表现、自我膨胀的人,很快就被淘汰出局了。

中国人的要求比较简单,只有两个字——合理,合理就好。

合理是人决定的,不是法决定的。合理不是通过制度产生的,制度比较死,而人比较灵活。

不可否认,中国人比较喜欢变化,在中国人看来,不变是非常态,变是常态。懂得怎么变的人已经把"变"当成家常便饭了,就不会再谈"变"。

中国人都很安分守己,但是当情况许可的时候,就会想到变通。中国人不会乱变,但时刻保留变通的余地。

不变的文化本质

科学技术不存在国界性,是可以并且值得借鉴和运用的。但是团队管理涉及的是最为复杂的人的因素,必须依据团队管理的对象所具有的不同文化特性来予以不同的处理。因此,要把握中国式团队管理的核心内容,首先就应该从分析中国的传统文化入手。

中华文化具有极其旺盛的生命力,汉字是中华文化的外在表征,只要汉字继续存在,那么中华文化就不会消亡。

从古至今,汉字一直在不断地变化,最直观的就是从繁体到简体的转变。那把汉字简化以后,会不会改变中华文化呢?很多人都在关注这个问题,我可以很清楚地说明,尽管我们的文字正经历着贯穿始终的变化过程,但是并不能影响到中华文化的本质。

汉字跟西方的文字最大的不同是什么?西方文字以句为单位,一个单词是不能说明意思的;汉字以字为单位,一个字只要写出来，哪怕不认识，也能基本猜出它的意思。因为汉字把形状、声音、字义结合在一起，使得每个人可以观其形而知其音，观其形而明其意，这在世界上是独一无二的。汉字的部首偏旁都是有讲究的，带有"犭"的字，多半跟动物有关系，如猫、狗、猪等；带有"心"的字，多半跟心理活动有关系，如思、想、念等。

文化变与不变的差异性

汉字一直在变，汉语一直在变，中国人也一直在变，但是汉字、汉语和中国人尽管变来变去，又好像没有变一样，这也是外国人不能理解的地方。

有原则的变

我们有一个概念叫"经"，中国人自古以来都把"经"抓得牢牢的。"经"是根本的原则，不可以轻易改变，一个人如果没有根本的原则，变到最后就会一无所有。中国人的变化依据四个字——持经达变，就是说你不能够变得太离谱，谱就是"经"，离经就是叛道。持经达变是非常重要的，只有把中国人的"经"找出来，才知道中国人是怎么变化的。中国人是有原则地变，不是没有原则地乱变。我们首先分出可变和不可变两大部分，变的只是可变的部分，不可变的部分永远不变。虽然中国人变来变去，但是基本的东西从来没变过。变的只是形式，而非本质。

持经达变，用现在的话来说，就是生活的方式可以变，生活的法则不能变。生活方式必须变，不变的话就活不下去。在21世纪，你不可能还维持着"日出而作，日落而息"的生活习惯，而要更适应朝九晚五的生活方式。

中国人有很多事情自古至今都没有变，确切地说，有形的、看得见的东西一直在变，非常爱赶时髦。但是对无形的东西非常执着，永远不会改变。

举个例子，中国人重视孝道，在中国人的道德观念里面，孝顺父母不会改变，小孩再怎么调皮，也知道要孝顺父母。

变即不变的表现方式

世界上的文化从变化的角度大致可以分为三种：一种是永远不变的，但历史已经表明这种文化很快就落后于时代继而消亡了；另一种是不断发生变化，但变到最后连其根本都失去了，彻底转变为完全不同的另一个类型；而中国的文化变迁却是采用了第三种方式，一直在变，却又永远没变。

中国的文化依托在汉字、汉语和中国人上面。中国人讲话，说了"是"以后，一看对方脸色不对，马上就说"但我不这么认为"。汉语中肯定与否定的语气是可以随意转换的，前面是肯定的，后面可以变成否定的；前面是否定的，后面可以变成肯定的。比如说，你问"王老师讲课讲得怎么样"，外国人只有两种回答：一种是他讲得很好，很有条理；一种是他讲得不好，表达能力很差。中国人不同，"王老师讲课真好……"一看你脸色不对，他话锋一转——"但是讲了半天我都不明白他在讲什么"。这种话翻译成英语，外国人就不明白王老师讲课是好还是不好，也不明白你到底想要表达什么意思。

很多外国人说"中国人不善变""中国人很保守"，其实外国人根本看不懂中国人。中国人是变中有不变，不变中有变。天底下最善变的就是中国人。抓住中国人的心是很难的，因为大部分中国人都是"口是心非"的。但是中国人讲究合理，合理的"口是心非"没有什么不好。

中国式管理就是一切都追求合理化的管理。从某种意义上说，中国式管理就叫合理化管理，管到合理的地步就叫管理。

组织成员的地位需调整

在管理中国式团队时，对组织成员的相对地位的判定有其自身独特的要求，用不合时宜的方式来进行操作只会取得与初衷相悖的效果。

生而平等与合理的不平等

中国的组织里面有个鲜明的特征，就是等级分明。中国人讲话要先看对象：对上面是一种说法，对下面是另一种说法，对平级的同事则用第三种说法。

中国人听到一句话，往往会先问"谁说的"，对谁说的最关注。

我想这是等级制度给人们带来的影响。中国人对上下级关系很重视，如果两个中国人在谈话，看见领导来了，就要马上调整谈话内容。如果对领导视而不见，领导心里肯定不舒服。但是，一看见领导来了，突然闭口不谈，领导可能会想"这两个人在说我的坏话"，也是不妥的。这就是中国人比较奇怪的地方，只要有第三者介入，两个人的互动关系就要进行调整。

中国人有取长补短的观念，将得失分得不像西方人那么明确。中国人认为，只要在合理的范围内，吃点亏也是可以接受的；反之，占点便宜也是情有可原的。有了这种观念，就会出现你帮我一点、我帮你一点的现象。

工作上，中国人讲究能者多劳，西方人则是各自为政。所以，中国人很谦虚，常讲"……我不如你"，这就是一种生存之道。

中西方人的看法大不相同

个人主义在中国行不通

西方人重视个人主义，提倡个人表现，人与人之间互不干涉，也不会相互帮助，缺少互动。西方人说话或者表态时经常讲"这是我个人的意见"，表示后果由个人来承担。西方文化可以浓缩成两个单词，一个叫作"show"，show就是作秀的意思，西方人有什么才能，一定要表现出来；另一个叫作"tell"，tell就是告诉别人。西方人不断地表现，而且到处去告诉别人，自己能做什么。这种方式在中国是行不通的。

比如，班级里要选班长的时候，美国人就会举手"我愿意来承担这个义务，我先试试看，做不好就换别人"；中国人就不会这样，如果你举手要当班长，只要稍微做得不好，人们就会说："他没有一点能力，还想当班长，自不量力。"

中国人很精明，绝对不会做这种傻事。即使想当班长，想表现，也不会直接表现出来，而是欲擒故纵，推举最不可能当选的人。大家一看那个人既没能力又没魄力，怎么能让他当选呢？而你公开表态了，自然吸引别人的目光，尤其是当大家把你和那个不可能当选的人进行比较时，你就会脱颖而出，成为班长的不二人选。你不会提名那些很有能力的人，否则，你自己就没有机会了。

事情还不止如此，你被选为班长后，必须要表明自己不想当，极力推辞，说自己能力不行，经验不足，体力也不好，做事情没有耐心，把各种理由都列出来，最后盛情难却，只好勉强为之。这样做是为将来留后路，等到你做不好，别人有怨言时，你就可以说："我当时就说我做不好，是你们一再勉强我的。现在出问题了吧？"中国人的高明之处，在于会把所有可能发生的情况都预料到，提前做好防备，这样，就让别人无话可说。不要以为这是虚伪，也不要以为这是奸诈，这只是中国人用来保护自己的一种手段而已。

一个人如果连自己都保护不了，其他的就都没有意义。人们常说，"泥菩萨过河，自身难保"，菩萨都要先保全自己，何况凡人呢？很多人反对明哲保身，认为善于明哲保身的人怕死、虚伪、消极，其实不然。中国人遇到突发状况，都会先保全自己，然后分析形势，当进则进，当退则退。形势不利，就要及早抽身，"留得青山在，不怕没柴烧"，何必逞匹夫之勇呢？

中国人不会轻易下判断

不能简单地说，中国人奉行的是个人主义还是集体主义。事物都有两面性，不能割裂，否则就是形而上学。对于奉行的是集体主义还是个人主义，中国人的态度很有意思，只有三个字：看着办。中国人有时候奉行个人主义，有时候奉行集体主义，至于什么时候奉行哪种主义，看着办。

你问一个美国人，"这件事情是不是你负责的"，他会肯定地说"是"或"不是"。当你问一个中国人同样的问题，他会告诉你"我想想看"。"想想看"的意思是，我先斟酌一下要不要承认。在中国人看来，做一个判断就等于下赌注，具有风险性。

中国人比较深奥难懂，但是高度艺术化。一个人做一个决定，一旦说出来，通常是几家欢乐几家愁，所以他即使有决定，也不会说出来。

我举一个浅显的例子。

当你问一个美国人"明天的会你要不要参加？"，他马上就会告诉你参加还是不参加。中国社会不容许这样，如果他说参加，那些不希望他参加的人就会劝他不要参加；如果他说不参加，那些希望他参加的人就会劝他参加。无论参不参加，都会有人对他提出建议，所以他的答案往往是：到时候再看。

"到时候再看"不是一种敷衍，而是有很深的含义：要问的话你就单独问，当着别人的面，我是不会告诉你的。中国人在一对一的时候，无话不说；只要有第三者在场，就会含糊其辞。

如果你私下问他去不去开会，他会说："我本来是不想去的，但是这两天总是有人打来电话让我去。你替我想想看，到底我去还是不去？"中国人很聪明，在表态之前会先套取对方的意见，然后再根据对方的意见做出相应的回答。

中国人认为合理就好。西方的团队管理以法为中心，重视管理；中国的团队管理以理为中心，重视领导。对中国人来说，合理比合法更重要，中国人只接受合理的法。

理是变通的，法则比较固定。中国人重视合理，却不一定要求合情，不要以为中国人很喜欢讲人情。中国人的人情都是在合理的范围内，有一句话叫"升米恩，斗米仇"，说的就是这个道理。合理地对别人好，不能过分，过分就是溺爱，就是纵容；合理地帮助别人，也不能过分，过分就会害死他。

世界上的事情，如果离开时间和空间这两个条件，就很难判断对错。西方人认为，学问是客观的，是中性的。中国人则认为，一切都要加上时间和空间的条件，这样才有办法判定是非。孟子说，"男女授受不亲"，但是在特殊的情况下，比如"嫂溺"，小叔子就可以拉她一把。如果此时再执着于"授受不亲"的话，就是没人性。因此说："男女授受不亲，礼也；嫂溺援之以手者，权也。"

在工作中，因时制宜是很重要的。当你的老板叫你做什么事情的时候，他会关注你有没有在做。如果你打算先将手边的事情做完了再做老板交代的事，那老板肯定不高兴，因为老板的看法是，不是我叫你做的都是不重要的事情，我叫你做的才是重要的。

需变主从关系为主伴关系

我们原来把领导和下属的关系视为主从关系，现在时代不同了，我认为应该改为主伴关系，领导做主，下属陪伴领导。

主伴关系更利于组织发展

以前，领导和下属之间是主从关系，领导完全做主，下属要绝对服从，很专制，各方面有不同的意见也不方便沟通，几乎是领导的"一言堂"。而且,上下级的界线划分得过于清楚,大家受等级观念的限制很难一条心。因此,以前企业的组织力有限。现在时代不同了,我们应该转变观念,把主从关系改为主伴关系,即下属要陪伴领导,领导还要做主,一个团队没有头领,各自主张,步调不一致,那就会变成有团没有队,有组织而没有组织力。但是,为了适应民主时代,"主"的定义应该有所改变:工作的时候,领导理应是"主";工作以外的时间,就不一定以领导为"主",领导也应该适当放下自己的身份,和下属打成一片。在不同的场合,遇到不同性质的情况,"主"与"伴"应该适当调整。

"主"应随着情境、情况改变,这样有助于促进全员参与。这里的"主",指的是主要负责的人,而不是发号施令的人。成为"主"的人应该具有哪些能力呢?

让我们以曹操为例,讨论一下这个问题。曹操的人生最高峰是在什么时候?我认为,他最风光的时候不是他封王之时,而是他率领八十万大军南下攻打吴国孙权之时,史称赤壁之战。有人会认为曹操在赤壁之战大败而归,那时应该是他人生的低谷。其实不然,曹操之所以输了赤壁之战,是有其必然原因的。他那个时候志得意满,认为自己必会马到成功,而且打败孙权,将为他统一中国奠定稳固的基础。然而事与愿违,他铩羽而回,之后再也没有大的举动,而且再也不敢雄心壮志地要统一全国了。因此,我认为赤壁之战时是他的人生最高峰。

一个人处于最高峰的时候，往往踌躇满志，做事非常张扬。《三国演义》对赤壁之战这一段描写得非常精彩：曹操在大军出发之前，举办了一个誓师大会，目的是激励士气，"曹操正笑谈间，忽闻鸦声望南飞鸣而去"，乌鸦夜啼就是给他的一个警告，但曹操没有警觉，依旧雄心勃勃。他没想到，自己将会一败涂地，这是其一。徐庶很有远见，他知道火烧连环船以后，大家一个也逃不掉，为了自保，他赶快要求去守关外。大家都知道，"徐庶进曹营——一言不发"这句俗语，就是说曹操用计把徐庶骗来以后，他"誓不为设一谋"，此时突然要求去守关外，曹操却没有怀疑。按理说，像曹操这种疑心重的人没有想到徐庶这一反常举动的用意，很奇怪，这是其二。

我一直认为，上苍是很公平的，当有重大事情要发生的时候，它会不断地给你一些征兆，问题是你能不能意识到。当时，曹操太过自负，丝毫不以为意。直到黄盖要来投降的时候，程昱点明黄盖是诈降："粮在船中，船必稳重；今观来船，轻而且浮。更兼今夜东南风甚紧，倘有诈谋，何以当之？"曹操才恍然大悟，但是，为时已晚，"谈笑间，樯橹灰飞烟灭"。

《三国演义》的这段故事告诉我们，做一个优秀的领导者，一定要见微知著。领导在做决策之前，一般会要求数据准确，信息充足，殊不知，此时这些信息已经毫无用处了，因为等你把所有的信息都搜集齐，这些信息就已过时了。一个领导者，一定要能根据少量的信息做出正确的判断，否则就跟不上形势的变化。

主伴关系即主从合理配合

主伴关系是从主从关系演变过来的，合理的主从关系就是主伴关系。那"主"跟"从"怎么配合才算合理呢？在此提出三点建议。

第一，从有形的方面看，做主的人应该负全责，但从无形的方面追究，做从的人才应该负全责，否则，团队就没有组织力。实际工作中，是干部帮助领导做决策，而表面上让领导来做最后的决定，这样的团队才是高效的团队。如果在团队里，凡事唯领导马首是瞻，其他的人则是"事不关己，高高挂起"的态度，或者只是提供个人意见，而不参与任何决策，这个团队是非常弱的。因为领导不是神仙，他只是一个凡人，人非圣贤，孰能无过，往往一个错误的决定会改变原本有利的形势。

第二，做主的人最好是通才型的，而不是专才型的，否则他就会带有很强的倾向性，很容易偏激。而做从的人是能兼顾各方面的"专"，而不是单一的"专"，否则几个人都偏到某一方面去，忽视其他方面，也等于给自己设置了一个陷阱。如果做主的人和做从的人都是"专家"，那么这个团队是不周全的，很难健康发展。一个正常的团队要能面面俱到，领导不可能面面俱到，而是要有一个由各种专家组成的完备的团队，这些专家可以从各自专业的角度提供科学的建议。

做主的人要尽量把自己变成通才，千万不要总强调自己的专长，可以说，做主的人只要有专长，就会有偏见，这是很麻烦的事情。任何事情只要做久了，就会有职业病。比如一个搞财务出身的总经理，经常会陷入财务危机，因为他做什么都要先考虑财务，财务应该是财务经理负责的，不是总经理考虑的事情。

第三，做从的人要站在"不从"的立场来"从"，不能站在"从"的立场来"从"，即做从的人如果存心要顺从，存心要听"主"的话，甚至揣摩他的想法，那就糟糕了。我一直认为历史上没有坏的皇帝，只有可怕的爪牙，因为没有一个皇帝登基以后会下决心搞垮自己的社稷，他总希望自己的江山能够千秋万代地传下去，而搞垮社稷的，是那些出馊主意的人，即所谓的佞臣。

有很多干部喜欢揣摩上意，讨好领导，甚至谄媚，这样做只会把领导害死。一个好的干部要站在"不从"的立场，才能合理地"从"，站在"从"的立场就是完全盲目地服从，这是不负责任的做法。当然，这是很难做到的，因为几千年来，只出了一个魏徵。

人们一般将魏徵视为忠臣的典范，但做从的人千万不要学他，否则不会有好结果。几千年只有一个魏徵，就说明了问题。魏徵是很特殊的，他有幸碰到了唐太宗，如果换了别的皇帝，他早就被杀了。魏徵对唐太宗讲话，态度很过分，完全是教训的口吻。所以，"不从"还有一个重要的前提，我归纳成四个字，叫"适可而止"。意思是说，做到差不多，就不能再坚持了，做从的人还是要给做主的人留有面子的，尊重他的立场，最起码在其他人面前，维护他的形象，这是非常重要的。

第一章 以人为本带团队

总务处处长的顺水人情

某所学校的图书馆规定了关灯的时间，时间一到，就会强迫学生离开。这样做是因为电费非常高，而学校经费有限，必须厉行节约。但是，这给学生带来很大的不便，学生不断争取图书馆要24小时开灯。校长迫于形势，想答应，又因经费的问题掣肘。

一所学校有没有经费，不是校长应该操心的事，而是总务处处长的职责。校长本可以说："无论有没有钱，该做的事就要做，没有钱你总务处处长要想办法，不然你这个总务处处长就是失职。"但是校长没有明说，他很高明，只是征求总务处处长的意见。总务处处长考虑：如果学校多花一点电费，能够培养出一个爱迪生来，也很值得，而且现在的形势是他答应也得答应，不答应也得答应，不如卖个人情，经费的问题只能另想办法。于是，总务处处长很痛快地答应了，给足了校长面子，后来总务处处长不但通过其他途径从校长那里申请到电费，还做到专款专用。这是校长对总务处处长的回报。

做从的人一定要记住适时给做主的人卖人情，人情前还要加两个字，变成"顺水人情"。

当一个领导问干部对他的评价时,干部往往说些好听的话来应付。但所有领导都会这样说:"讲真话,不要说假话。我这个人,没有别的长处,闻过则喜。"有些干部就当真了,对领导的过错直言不讳,这无异于自掘坟墓。

干部不能放过忠言直谏的机会,但是一定要看时机,要等领导心情好的时候,要不然自身难保。干部绝对不能凡事都听领导的,否则领导会怀疑你,要么虚伪,要么不负责任。适当地表达你的意见,而且适可而止,注意不能超越你的领导,这就是做从的人的生存之道。

主从关系视具体情况而变

主从关系不是一成不变的,平常是按照职务来分,但当情况不同时要有一定的调整。

比如说,当领导遇到事情问干部,"你觉得怎么样",这时,领导把主从关系改变了,但是最后做主的还是他。

在干部的地盘里面干部就是主,正所谓"强龙不压地头蛇"。高层主管到基层后,基层主管才是主。中国有一个很奇妙的现象叫"不怕官,只怕管","官"一定要跟"管"配合,才有效果。

主与从之间的关系应该这样形容,红花也需要绿叶配。再好的领导,也要有几个愿意给你面子的干部,要不然"主"就不像主。但是要做到这一点,"主"必须要在某些地方让"伴"得到满足,否则,"伴"就没必要劳心劳力。

其实主伴用现在的话来讲，就叫作角色扮演，这种关系可用四个字概括为"君君臣臣"。这里面的"君"和"臣"是相对的，领导像领导，干部才会像干部；反过来，干部像干部，领导才会像领导。干部一定要替领导着想，该给他面子时一定要做到，不能让领导单枪匹马地去战斗。

秘书工作的三大难题

秘书工作是很难做的。秘书工作的首要难题是要安排领导的时间，不能让领导太累了，也不能让他太闲了。秘书是领导和干部之间的桥梁，干部有什么事情，都要先告诉秘书，由秘书来安排优先顺序。如果秘书的优先级和领导想的不一样的话，秘书就会进退两难。

秘书工作的第二个难题是，当领导出差的时候，秘书怎样让他完全了解公司里发生的情况。如果领导回来，发现自己得到的信息和事实不符，就会责怪秘书。秘书只能做到，将自己做过的事事无巨细地记录下来，呈交领导过目。书面报告总比口头报告详细。

秘书跟领导之间始终会存在时间差，这是秘书工作的第三个难题。时间差是指，当有紧急情况发生，需要马上处理时，领导却不在。比如说，领导正在开重要的会议，突发紧急状况，秘书如果请示领导，就会耽误时间，如果代替领导行使职权，就会越权。而且秘书和领导的意见永远不可能百分之百一致，秘书处理正确还好，处理错误的话，后果就会非常严重。

发生这种情况，秘书有三个选择：第一，只要时间许可，就一定要请示领导。现在通信技术发达，可以利用这些工具随时随地与领导保持联系。如果秘书不先请示，领导就会怀疑秘书的动机。所以，只要时间许可，先问后做，给领导充分的尊重。第二，时间紧急，就先斩后奏。时间紧急的时候，你还要到处找领导汇报，领导就会以为你是想让他出洋相，让大家都知道他常常不在办公室。第三，实在没有办法，只能边做边汇报。

团队管理的重点在于心

对中国人而言，心是最可靠的。中国式管理讲的就是关心。什么叫关心？这里的关心就是把别人的心关起来。身在曹营心在汉，是没有用的。人在哪里不重要，心在哪里才是重要的。

让下属把领导装进心里面

团队的重点就是心跟心的结合。我常常问一些企业老板："你作为领导，最重视下属的哪方面素质？重视他们的能力吗？重视他们的品德吗？还是重视他们的家庭背景、健康状况？"答案是，这些都不是优先考虑的。那老板最该关心的是什么？答案是：我的下属心中有没有我。

举个例子，干部甲讲的话领导听得进去，而同样的话如果是干部乙对领导讲，领导就听不进去，就是因为领导发现干部甲心中有领导，而干部乙心中没领导。这虽然过于主观，也是不科学的，但是我们不得不承认，这是事实。当领导的人可以反思一下，自己是否也有同样的状况，不要害怕承认，这是人之常情。干部甲心中有你，你就会认为，他的所作所为都是为你着想的；相反，干部乙心中没你，他提出的意见，你自然斟酌他的动机，也就不容易接受他的意见。

所以心才是最重要的，"百善孝为先，论心不论迹"，说的就是心的重要性。我们在看爱情片的时候，常常看到这样的情节——每当男女主角吵架，女主角一般就会说："我到现在才知道，原来你的心中根本没有我。"可见，无论是在生活中还是在工作中，人们都重视"心"的存在。

身为下属，要让领导知道你的心意，但是千万不要跑到领导面前说："报告领导，我的心中有你。"这样绝对会适得其反。

中国人的人际关系很微妙，有很多事情是不能说的，说了只会得到相反的效果。你要想有前途，要得到领导的赏识，只能让他感觉到你心中有他，心意要靠"心"的交流，只能意会，不能言传。

要用行动来表明心迹，而不能口头保证。中国人不太相信口头的承诺，却相信自己的感觉。中国人之间的感情多靠感觉来维持，外国人之间的感情多靠语言来维持。外国的情人之间总把"我爱你"放在口头上，说得久了，就成了口头禅。中国人比较聪明，一般不相信这些习惯用语。

让员工把公司当成自己家

中国人在形容一个人敬业的时候，常说他以公司为家。长期以来，领导者也在追求让员工以公司为家的目标。但是，要注意，这里的"家"不是指小家庭，领导与员工也不是爸爸和儿子的关系。我们许多人就是把"家"当作小家庭来认识的，这是错误的概念。中国人所谓的"家"是指家族，它是由多个小家庭组成的。小家庭相当于公司里的部门，而公司相当于整个家族。中国传统家族的族长也是很难当的，无论哪个家庭发生什么事情，都要找族长出面解决。族长既要管好小家庭，也要兼顾大家族的利益。所以，如果我们把公司只看成小家庭，是没有办法管好公司的。

公司能不能经营得好，要看员工有没有齐心协力，是不是一条心。把员工变成家人，让所有员工都把公司当成第二个家，很多问题就可以迎刃而解，因为天下只有一家人才是一条心。现在很多家族企业都学习西方的管理方式，聘用职业经理人。职业经理人在管理水平上或许更胜一筹，但是在"心"上，比不过家人，家人会全心投入，当然这里不排除也有一些别有居心的"家人"。

领导切记得民心者得天下

每个领导都追求成功，真正成功的定义是什么？我提出一个参考答案：成功就是抓住别人的心和别人的钱。有100个人愿意把心交给你，你就可以领导100个人共同奋斗；有100个人肯把钱交给你去使用，你就有100个人的资金。中国人很难把心交给你，很怕把钱借给你用，这是事实。如果你做不到这点，只靠自己的心力，那很快就会心力交瘁；只靠自己的本钱，那你的生意规模也是有限的。如果有一群人，愿意把心交给你，愿意把钱交给你去使用，你就成功了。从这个意义上说，刘备在桃园三结义之时，就奠定了成功的基础，因为他获得了关羽、张飞的心和他们的钱。

要想成功，首先就要得人心。"得民心者得天下""得人者昌"，都是至理名言。身为领导者，你能够包容多少人，你就可以带出多少人的团队，而且彼此如一家人一样，合作默契，这是成功的开始。

那具体什么叫作"心"呢？这里的心不是指你身上跳动的器官，那是心脏。中国人是世界上最用心的人，我们的心在哪里？

佛经里面说，颠倒心。颠倒就叫心，什么意思？当你想事情的时候，你想完好的一面又想了坏的一面，这就是颠倒，你的"心"就体现出来了。只想好的一面，那是一厢情愿，是不用心。同时也想坏的一面，这就是用心的表现。

合适的管理才是最好的

以人为本的团队管理必须以人性为基础，对不同的人采用不同的管理方法，因此，团队管理理论没有对与错、好与坏之分，只有合适不合适之分，合适的管理才是最好的管理。

美国人利用契约控制员工

美国人重视契约、合同，一切以书面为凭据，通过契约把工作和个人的专业捆绑在一起。你有什么专业，我现在有什么工作岗位，只要合适，就定一个契约，双方都按照这个契约去执行，这是很单纯、很简明的。其问题有两个：其一，有能力的人受到限制，没有办法充分发挥；其二，当环境发生变化的时候，这种契约形式很难应用。

战后的日本为什么能迅速崛起？就是因为，当环境迅速变化时，美国人感觉很吃力，而日本的管理体制弹性较大，能够适应环境的变化。中国人的管理体制也具有很大的弹性。中国人"唯恐天下不乱"，因为中国人有能力拨乱反正。

这不是在贬低中国人，不可否认，中国人有人性弱点，但是不要只从负面去看待中国人，因为事物都是有两面性的。中国人擅长浑水摸鱼，换个角度说，中国人很懂得随机应变。当环境快速变化的时候，中国人就表现突出，乱世出英雄；当环境稳定的时候，中国人就表现平平。

日本人使用组织控制员工

日本人用组织确保员工的持久忠诚。要一个人忠诚不难，要一个人长期忠诚很难。因为时间长了，要求就提高了，外面的世界总是很精彩，吸引他离开这里。日本人充分发挥了我们古代的长工精神，他们会让员工全身心投入，没有其他的想法，就像中国古人所说的，忠臣不事二主，一女不事二夫。中国人也提倡忠诚，但是只提倡到合理的地步，适可而止。很多中国的传统理念到了西方或日本，就变本加厉，变成绝对化，这都是错误的。

中国人用"无"吸引员工

中国人有一个字很重要——"无"。全世界只有中国人最懂得"无",外国人只知道"有"才能生有,而无法"无"中生有。中国人最了不起,经常"无"中生有,能从"无"看出有来,叫作无心之感。

无心投入收获大

一个领导不可以跟干部讲这种话:"我对你这么好,你居然这样对我,你未免太没有良心了。"这种话讲了只会对自己不利,因为你对他好,是你应该做的事情,他要不要对你好,由他来决定,这才叫交互主义。身为领导者,要做到该付出的都已付出,却不计回报。否则就变成投资了,我们不能在人的身上投资,因为这是中国人最受不了的。在外国人那里,人就是资源,当然可以投资。

曾经有很多企业家说:"我妈妈是最懂得投资的人,她在我身上投资,现在获得了极大的回报。"这是对母亲的一大侮辱,每个母亲都悉心照顾子女,从没有投资回报的观念。父母对子女的呵护是无心的服务、无心的照顾。《易经》里讲感应的卦,不叫感卦,而叫咸卦,咸就是把心去掉。无心之感,才会有效。"无心插柳柳成荫,有心栽花花不开"讲的就是这个道理。无心,就是做你该做的事,而不要计较成果,即不要有投资回报、投入产出的观念。

没有人规定你要做到无心的服务、无心的关怀，完全看你自己做不做得到。中国人什么事情都可以做到，弹性非常大，持久忠诚可以，随时跳槽也可以，但中国人凡事都必须是自发的，如果有硬性规定，就行不通了。只要中国人愿意，我们是最不计较的、最好商量的。一旦和中国人谈条件，那我们的条件会比谁都苛刻。

中国人为什么没形成契约制？举个例子，两家公司合作，没有任何约束的时候，合作得很愉快，什么都不计较，凡事好商量。一旦有家公司说，必须要签合同，用法律来约束，双方的关系就开始恶化了，它们都想方设法为自己争取利益，最后只能终止合作。

中国团队的特色是讲义气，中国早期的商帮，晋商也好、徽商也好、浙商也好，都是重义气、重承诺的典范。彼此之间一诺千金，不需要契约这种形式。

吃亏也是占便宜

无心的投入，有不同的产出，这叫感应。中国人强调广结善缘，平常多做好事，不求回报，成败得失也不是用眼前利益来衡量的。中国人懂得用辩证的方法去思考，在我们看来，得与失是统一的。

全世界只有中国人会说"吃亏就是占便宜"，也只有中国人会把5块钱进的货以3块钱卖出去。外国人是绝对不会这么做的，他们认为，吃亏就是吃亏，不可能会占便宜。

俗话说，杀头的生意有人做，赔本的买卖无人做。但中国人就会做，不是中国人笨，而是因为中国人头脑灵活。赚钱的方法有很多，最简单的是利用时间差，5块钱进的货，付支票，然后3块钱卖出去，收取现金。这样就有了时间差，利用时间差就可以多做一笔生意，多赚点利润。

还有比较妙的方法，5块钱买进后，把货物拆成两部分，将其中的一部分以3块钱卖出去，而这一部分的货物根本没法单独使用，买方肯定还会买另一部分，这时另一部分卖方可以定价为4块钱。这样，原本5块钱买进的货物最后可以卖到7块钱。这种方法后来被日本人学会了，日本人靠这种方法使日本汽车成功地打入中国市场。

化整为零利润大

很早以前，欧美车系就想进入中国市场，但是因其价格较高，而当时中国人的购买力有限，所以欧美车系很难在中国市场上站稳脚跟。而日本车售价低，顺利打入了中国市场。但价格低，是因为成本也低，其零配件比较容易坏。消费者买了这种车后，今天换这个零件，明天换那个零件，最后车企通过卖零配件赚回了利润。

用中国的方法管理最有效

管理中国人的团队，用中国人的方法才有效，因为我们活在中国人的圈子里。

我们不要什么都和外国人学，因为外国人的东西并不一定适合我们。比如说，外国人早上见面打招呼说"Good morning"，我们翻译成"早上好"，殊不知，外国人上午11点半还算早上，还可以说"Good morning"。中国人早上来得很早可以说"早上好"，这是讲给老板听的，哪天有人上班迟到了，他还会说"早上好"吗？

中国企业现在也学外国企业提倡竞争，但是争的人是最倒霉的，不争的人永远得到的最多，这源自我们的文化。

西方人是以神为主的，是神在管理世人，所以有戒律；中国人以人为本，不重视戒律，而重视典范。我们会效法古人，却不会记住什么戒律。

总而言之，我们的标准跟西方人是不一样的。在西方做人没有人情味，而在中国你可以享受到很浓厚的人情味。

第二章
领导是团队的核心

领导是团队的向心力

前面讲了中国人的一些缺点,如果从正面的角度去了解中国人,就会得到正面的效果;如果从负面的角度去了解中国人,就会得到负面的效果。用何种角度,取决于领导者,所以中国人的团队如何,70%取决于领导者。

等级分别是因,分级管理是果

我们通常把一个组织分成三个阶层:基层、中层、高层。老板其实不是高层,我们在讲团队成员时,不应该把老板算在内。老板是帅不是将。会带兵的人叫作将,不会带兵的人反而成为帅,为什么?因为帅是带领将的。

汉高祖刘邦曾问过韩信:"如果我亲自带兵的话,能带多少?"韩信说:"差不多十万。"刘邦又问:"那你能带多少兵?"韩信说:"多多益善。"刘邦一听,脸色很不好看,反讽道:"为什么能带百万兵的将军却受擒于只能带十万人的我呢?"韩信说:"陛下虽不善统兵,却善御将。"一句话点明了将与帅的不同,所以老板是在高层之外、负责管理高层的,不能算作高层主管。

但是在本书中,为了表达清楚,只把团队分成三个层级:领导(老板或与老板地位相当的人)、干部(除老板和基层主管以外的各级主管)和员工(包括基层主管和普通员工)。

员工的工作很单纯,他们注重的是技术,不牵扯太多的东西,他们只要把技术搞好就可以了。从某种意义上说,员工是生活在过去的,因为他们是根据过去的规范工作的。一旦新的规范产生,员工一时之间就无法改变,往往要先经历一个重新规范的过程,才能适应新的要求。

与员工相比,干部总是立足于现在,他们注重的是制度。干部主要负责依据制度实施具体的管理,而制度针对的则是员工,在员工身上生效。我们常常发现团队中的制度大都管不了领导,只能管员工,就是因为制度不针对领导,这也是我们跟西方不一样的地方。

领导重视的是人性面。与西方以制度管理企业的情况不同,在我国的企业中,除了制度之外,要想管理好一家企业,就必须以人为本,关注人的方面。

团结精神是果，合理领导是因

中国有个成语，叫"心想事成"。如果心想不能事成，只能怪自己。如果领导有管好团队的愿望，却没有得到良好的效果，其原因一定是在领导自己身上。中国人重视心跟心的感应，那完全是电磁波跟电磁波的交流。中国人能不能团结，完全看领导者好不好。团结精神是果，合理领导才是因，不能够因果倒置。中国人有时能够众志成城，有时是一盘散沙，关键在于怎么管理。中国历史上有"树倒猢狲散"的惨剧，也有"田横五百士"的壮举。到底如何，看领导。

历史证明，中华民族很早就有大一统的意识。秦始皇把大一统的观念提出来以后，中国人一般认为统一才是正常的，分裂就是非常时期。《三国演义》讲，天下大势，分久必合，合久必分。中国人很擅长把事情合在一起思考，从不割裂。

无心付出是因，真心回报是果

中国人非常擅长掩饰自己，这是我们的长处。因为，一个人有野心，只要被别人看出来，对方就会做好万全的准备。中国人常说："我什么都不要。"结果什么都得到了。这不是虚伪，不是奸诈，也不是一种掩饰，而是一个规律：站在"不要"的立场来"要"，站在"没有"的立场来阐述"有"，对大家无所求，就有很多回报。

跟员工相处，也是这个道理。尽力投入，不计较产出，结果是，你将立于不败之地，这就是你的回报。人生的苦恼就是从"一定"二字来的，只要你脑海里面有"一定"，你就会一辈子苦恼。如果你对员工说"我好好栽培你，你一定要出人头地"。你的苦恼就来了，因为结果可能不会像你想的那样。

一个团队是靠"不一定"来维持的。在西方，可以规定：我怎么样，你就怎么样；你做不到，我就罚你。中国人不可以这样规定，否则是没有好处的。

整合团队要从观念入手

人是观念的动物，这个特征对于中国人而言尤为明显，中国人一旦形成了某种观念，自然而然会在这种观念的指导下表现出相应的行为。因此，管理中国的团队需要从调整观念开始。

观念合理，行为才合理

在管理中国的团队时，面对困境一味地急于求成是没有用的，因为对于团队中的中国人而言，如果只是通过外在的压力来进行宣导和沟通，通常是无济于事的。相反地，一旦使团队成员从内心深处认同你所倡导的行为，那么任何事情都会顺利发展。因为，凡是中国人心甘情愿做的事情，他们都不会计较其中的艰辛和困难，反而会视其为某种挑战，进而充满无穷的动力。

换言之，一个会领导的人，不会规定下属做什么、怎样做，而是促使其自发地表现自己。从这个层面上来看，中国人在自动自发的时候，可以成为世界上最优秀的人；而当我们被动的时候，又可能成为天底下最糟糕的人。团队的领导者要激发出团队成员合理的行为、打造出协同一致的团队，其首要的工作在于培养团队成员自主自发的观念。

建立共识，行为才一致

在对中国的团队进行管理的时候，一定要密切注意中国人"快速变化"的独特性。中国人的一切经常变来变去，通常表现为"变动性"最强，同时"持续性"也最高，即"变动中有持续，持续中有变动"，可以说这是中国人中庸之道的一种体现。

中国人的这种特性使团队成员很难掌控，因此，中国式团队的管理应该从根本处着手，否则通过组织形式的外在压力只能治标，其效果是不能持久的。

也就是说，治本才是主要的，治标只能暂时有用。如何治本？建立共识。要带领团队，最要紧的就是建立共识。各有各的心思，各有各的盘算，怎么可能精诚团结？如果董事长的决定，总经理不完全接受,而总经理的决定,各部门经理有不同的解读,整个组织就没有丝毫组织力。

为什么中国人做事的方法跟外国人不一样?因为我们比较聪明:第一,我们不评点活人,人只要活着,就有变的可能,妄下判断可能会搬起石头砸自己的脚;第二,我们用第三者来建立共识,而第三者永远是已经去世的人。比如说,公司里领导有意见的时候,他会说:"如果胡雪岩(第三者)来处理这件事情,他会这么办。"干部说:"不,不,如果是胡雪岩,他会这样做。"每一个人都说胡雪岩,而说自己没有意见,这是最佳的方式。

中国人建立共识要靠第三者,第三者不能是领导也不能是干部。是领导的话,领导就太霸道了;是干部的话,领导会觉得很委屈。当领导太相信一个干部的时候,干部会被宠坏,最后会蒙蔽领导,抢夺领导的地位。领导也不可以不相信干部,否则将无人可用。

建立共识,不是要全员统一思想,一个领导要使上上下下看法都一致,是不可能的。领导的时间有限,精力有限,只要能够跟最高级别的干部多打交道,建立共识,就算是成功的。统一集团的创始人高清愿认为,他最大的成就是他的高级干部能与他达成共识。

一个领导会不断地去考验他的干部,看看是不是与自己建立共识,如果还存在分歧的话,就要想办法去整合。台塑集团创始人王永庆在这方面花了很多的时间,在他的团队里,从来不讲

"业绩"这两个字。王永庆认为,业绩不是讲出来的,而是自然产生的,团队管理得好,自然有业绩。王永庆不强调业绩,而重视三个方面:

第一,他希望跟下属有相当程度的共识,这样步调才会一致,不会有分歧。

第二,他要求下属不断地改善,坚持不懈,但不具体要求他们干什么。

第三,他要求下属严格执行他的命令,不得有丝毫马虎。

道理周全,无绝对对错

一个团队要达成共识,就不可能有真正意义上的言论自由。西方人提倡言论自由,因为在他们的观念中,"对"与"错"是截然相反的两个方面,不是对的就是错的,反之亦然,所以他们的真理是越辩越明。而在中国,真理是越辩越糊涂,因为在中国没有绝对的对错。一件事情,公说公有理,婆说婆有理,只要立场不同,那么表达出来的言论也就会不一样,并且同样能够自圆其说。

中国人的道理是很周全的,没有一个人能够在同一时间把所有的道理讲完,你说到一些道理时,有人就会拿另一些道理来攻击你。实际上,在中国社会,某一个人赞成另一个人的观点,并不意味着是对其观点的完全认同和肯定,而是因为前者能感觉到后者对他的友善而予以的支持,这是一种道义的表现。

认清人的本性才是关键

无数的经验教训表明,一个人最大的敌人往往是他自己,因为人常常否定自己。人应该不断地自我反省,但是不可以陷入自我否定的泥潭而不能自拔。自我反省意味着认识错误后主动调整,但自我否定则会使一个人变成完全不同的人。

一个民族亦应如此。世界上有许多民族,各个民族都有自己的特性,这叫多元化,我们不要勉强一个民族去改变自己的特性。然而,很多中国人陷入用西方人的观点和标准来看待和分析自己的误区,总是执着于"中国要想实现现代化就应该走西方国家的道路"的错误观念。实际上,每一个民族都有自己的生存之道,各民族间要彼此尊重,彼此包容,世界才会多姿多彩,生生不息。中国人应该走自己的路,具体到团队管理中,就是要充分了解中国人的特性,即中国人的本性。在认识中国人本性的基础上,有效地管理中国人。

中国人基本的本性特征

中国人的本性是什么?简单来说有三点:第一怕吃亏,中国人天不怕、地不怕,就怕吃亏上当;第二喜欢占小便宜,中国人一般不奢望去占大便宜,专占小便宜;第三,自私又爱面子。

害怕吃亏是因为资源有限

这当然不是贬低中国人，凡是有贬低想法的人都不太了解中国人。中国人重视合理，合理地怕吃亏有什么不对？资源是有限的，人的生命也是有限的，不断地吃亏，岂不是跟自己过不去？其实每一个人都有这个特性，凡是宣称钱财乃身外之物的人，多半都很小气。因为一个人如果心里没有某个弱点的话，就不会强调它。一个人缺乏信用，就会强调自己重信用，只有通过不断地强调，才有可能让别人相信。

每个人都怕吃亏，但是过分地怕吃亏就变成了精打细算，结果人算总是不如天算，"机关算尽太聪明，反误了卿卿性命"。所以中国人发展出一套"差不多主义"，差不多就是刚刚好，就是恰到好处，就是合理。

爱占小便宜只为试探对方

一个人爱占小便宜，就表示这个人不贪，贪心的人只想着占大便宜。中国人爱占小便宜，但不贪心，很守本分，为了过日子，想占一点儿小便宜，这没什么可耻的。要跟一个人合作，就要了解这个人舍不舍得。中国人比较在乎舍不舍得，换句话说，中国人不会盲目地为一个人拼命，我们会考虑值不值得。要判断值不值得，就要看对方舍不舍得，你舍得我就认为值得，你不舍得我就认为不值得。这就是中国人占小便宜的本意。

在中国人的团队中，员工首先要看领导的度量大不大，即看领导舍不舍得，没有人愿意跟随一个度量小的领导。诸葛亮让刘备三顾茅庐，就是考察他的度量。如果刘备不肯纡尊降贵，诸葛亮也不会为他"鞠躬尽瘁、死而后已"了。

自私又爱面子所以好管理

中国文化强调自爱，很少讲爱人，西方人一开口就是爱人，而不讲自爱，孰对孰错？我认为，自爱才是对的。一个人要先爱自己，让自己的心中充满爱，然后才能去爱别人。不自爱的人，心中没有爱，拿什么去爱别人？所以，西方人讲爱人只是嘴上说说而已，中国人才是发自内心的。但中国人不会爱所有的人，我们首先要判断这个人值不值得爱，值得，才去爱。

老实讲，中国人比较重视面子。凡是说"面子不重要"的人，都是不了解人性。一个人活得连面子都没有，那活着是为了什么？人与动物的最大不同，就是人有面子，动物没面子。

其实没有一个民族不爱面子，只是表现的方式不一样。有一次我在美国的首都华盛顿等公共汽车，看见三个白种人也在等公共汽车。在美国，一般都是有色人种乘坐公共汽车，白种人多开私家车。我觉得很好奇，就不自觉地看了那几个人一眼。那几个人都紧张起来，其中一个人马上说，他的车子送修了，不然才不会乘坐公共汽车呢。我只是看他一眼，他就受不了，这难道不是爱面子的表现吗？

日本人也爱面子，但是和中国人不一样。日本人爱面子爱到会死的程度，他们觉得没面子，甚至有人切腹自杀；中国人高明一点，爱面子爱到刚刚好的程度，中国人一般不会为了面子自杀，真正做到"士可杀不可辱"的毕竟是少数，现在没面子，以后再说吧，要忍辱负重，盼着将来东山再起，君子报仇，十年不晚嘛。

爱面子并不是坏事，通过几十年的研究，我发现爱面子的人很好管理。一个人若不爱面子，你拿他一点办法都没有。如果一个人连面子都不在乎，那他还会在乎什么？人可以"理"，就是因为他爱面子。领导要利用中国人爱面子的特点来管理员工，适当地恭维一下员工，多听听员工的声音，给他们说话的机会，员工就会感到领导的重视，也就会以努力工作来回报。

本性无好坏，合理就可

中国人上述本性特征或许会令人大失所望，然而大失所望完全是由于对中华文化缺乏了解。中华文化讲求合理，对于中国人的本性也应该从合理的角度来予以审视，这样才能充分地把握中国人的本性，进而领导出精诚团结的中国式团队。

合理地怕吃亏、合理地占小便宜、合理地自私、合理地爱面子没有什么不好，如果不承认这些，就是假道学。

中国有很多优秀的文化，流传了几千年，有其传承的道理，不合理的文化是没有生命力的。只是有些事情长期以来我们做错了，使一些文化扭曲了。

比如说"孝",孝道一直以来都是中华文化的精髓,然而从古至今,传统文化都只提到"孝道""孝敬",却不知何时有了"孝顺"的说法。我认为,这个"顺"字完全颠覆了中华文化中有关"孝"的真正内涵,使对长辈、领导的盲从愚忠有了文化层面的依据,造成许多"父叫子亡,子不敢不亡"的惨剧。

领导者应有的管理艺术

中国人是很难管理的,因为中国人不太理会制度。在很多企业里,只有那些没有办法的人才受管理制度的约束,稍微有一点儿办法、有一点儿背景的人,就会把制度抛在脑后,正所谓"上有政策,下有对策"。所以,企业制定的制度所制约的对象,要么是老实人,要么是无依无靠的人,要么是没有能力的人。稍微有一点办法的人就会动脑筋,找制度的漏洞,甚至找很多理由篡改制度。但这一切都在合理的范围内,中国人不会轻易做违法乱纪的事。

在这种情况下,领导千万不要奢望单纯用法治来管理团队,必须以人为本,结合"人治"。而要治人,首先要从自身出发,管理他人要先从管理自己开始。我认为,领导者应该做到以下几点,才能提高自身的修养。

修己安人是根本的素养

"修己"的意思，是自我修养、修造自己，而不是改变他人。有人花费太多的时间和精力去改变别人。这种错误的方向，浪费了很多管理成本。领导若是一心一意想要改变员工，员工就会保持高度警觉，不是全力抗拒，便是表面接受、阳奉阴违。领导不如用心改变自己，让员工受到良好的感应，自动改变自己，这样更快速有效。

用高压的政策要求员工改变，并不符合安人的要求，也不符合人性化管理，员工会以不合理为由，加以抗拒。

领导先修己，感化员工也自动修己。双方都主动修身养性，自然更加合理。人人自求合理，才是最有效的管理。

外国有很多科学的管理理论，但是没有一个理论提到修己安人，这是中国非常特殊的原则。因为领导自己不能修身养性，就领导不好任何人。中国人的眼睛喜欢往上看，上司的一举一动都逃不过中国人的眼睛。如果你的所作所为没有人在意，就表示你的职位较低；当你的职位越来越高以后，你讲的话，会有人帮你散播出去，你做的动作，会有人添油加醋地模仿。

因此，作为一个领导，一定要以身作则。以身作则不是要求你的技术领先，也不是说要样样做表率。以身作则专指德行方面，比如讲信用，处理事情谨慎，对人诚恳，等等。

领导要让干部觉得，面对你这样的领导，他们不忍心骗你，这样你就成功了。领导越不信任干部，干部就越有可能做对不起你的事，有句话叫"管得越严出的纰漏越大"，讲的就是这个意思。

你既然怕我骗你，那我就骗你好了，很多人都会有这种奇怪的心理。

有个企业老板跟我说，他经营公司十几年，没有一个员工跳槽，他根本就没管过员工，而是让员工看到他就觉得不好意思欺骗他，所以他的员工都兢兢业业。这就是成功的领导。

中国人都是很有良心的，如果领导的德行不够，员工就会认为：像你这样的领导，我对你讲良心干什么？下面这件事是我在一家企业亲眼所见的：有一个工人，看到自来水龙头没关严，他本来想过去把水龙头拧紧，但是转念一想，却把水龙头开得更大了。他说："我本来想关上水龙头，但一想到我们老板的所作所为，我就改变主意了。"

从这件小事可以看出修己安人的重要性。中国人只有"安"的时候，才会尽心尽力，各负其责，将自己所有的长处都发挥出来；当"不安"的时候，就开始动"歪"脑筋了，因为他要生存。中国人无定性，随时会变，可以做好人，也可以做坏人。而且中国人好起来比谁都好，坏起来比谁都坏，这个转变的关键点就在于"安"或"不安"。

坚持原则才能配合默契

坚持原则有三层含义。

原则不可乱改

随便改原则,那不叫变,而叫乱。建立企业肯定要制定几个基本的原则,领导要让干部理解这几个原则,这样他们才知道怎样与你配合。领导与管理的意义不同,领导就是配合,即不用三令五申,上下级就可以彼此配合默契,而配合默契就等于提高生产力。比如,在生产企业,工人之间配合默契,生产就很顺利;产销环节配合得好,流程就很畅通。企业中的所有环节都离不开配合。

坚持原则就是守住几个原则,永远不会改变,原则以外的东西要分析,该变的就变,不该变的就不要变,否则没法配合。有的企业,干部总是猜领导的意思,而且经常错得离谱;有的领导也很奇怪,骂照章办事的干部不创新,骂不照章办事的干部不守规矩,这都是没有默契的表现。而培养默契,就要明确地告诉干部,除了这些原则以外,其他的都可以见机行事。

按原则去判断

领导在交代干部任务之前,要先交代原则,让干部根据原则来判断是否胜任。领导最怕干部"好、好、好"地乱答应,到时候却不能完成任务。这时领导会很生气,不是气他们没有能力,而是气他们耽误了工作。如果干部碰到难题,就要明白地告诉领导,领导会想其他的办法解决:要么找其他的干部做,要么自己解决,实在不行就从外面聘请专家。在一开始,凡事都有转圜的余地,而干部明明完不成任务,还硬着头皮继续做,往往延误了时机。如果领导为此事生气,就要把原则对干部分析清楚,这样他会知道下次该怎么做,否则他永远也搞不清楚错在哪里,却认为你喜欢骂人。

碰到干部做错事的时候,一定要让干部自己反省,要让他自己想明白错在哪里,领导不能开门见山地批评干部,中国人一贯会水来土掩,兵来将挡,你有来言,他有去语。这样一来一往,就会变成内斗。

对待干部,领导要智取,不可力敌。干部有错,让他自我检讨。你指出他的错误,他就会找一万个理由来推卸责任。久而久之,如果你把干部叫来,他能够自我检讨,你就成功了。如果他一脸轻松,毫不在意,你就失去领导的意义了。让干部体会到"伴君如伴虎",这才叫全面控制。

把原则讲清楚

我最佩服汉高祖的约法三章,约法三章非常有实效。领导与干部之间约法三章,会一劳永逸;否则,干部天天猜领导的想法会很辛苦,而且经常出错。

严管勤教是领导的责任

《三字经》里有句话:"子不教,父之过;教不严,师之惰。"这句话用在企业里再合适不过。

现在有些家庭对孩子过于溺爱,疏于教育,直到孩子犯了无法弥补的过错,才悔之晚矣。其实,这些都是可以避免的。中国古时候称自己的父母为"家严""家慈"是很有道理的。夫妻两个人,父亲要做"黑脸",对待孩子严厉一些;母亲要做"红脸",对待孩子慈爱一些。父亲严厉是配合母亲管教孩子,母亲一旦管不了小孩,就拿父亲吓唬人:"你再不乖,你父亲回来你就知道后果了!"母亲可以随时"出卖"父亲,但父亲不能"出卖"母亲。如果父亲对孩子说"你母亲告诉我,你今天做了哪些坏事……",这样就错了,孩子会认为别人都是不可信任的,在家里没有温暖。聪明的父亲会假借别人发生的事情来教育小孩,小孩一听,自己也犯了同样的错,庆幸父亲不知道,自己偷偷改掉,免得受惩罚。这样,一严一慈,孩子才能健康愉快地成长。

在企业里也应如此,基层干部要"柔"一些,高层干部要"凶"一些,因为基层干部与员工接触的时间比较长,太凶了,就会让员工反感。如果员工受了委屈,基层干部要会安慰员工,让员工感到自己和他们是同一条战线的。

领导对员工严管,是一种责任。所有的员工、干部都把他们一生中最宝贵的时间献给你，如果你没有好好教育他们，就是不负责任，误人子弟。

中国人讲人性管理，讲中国式管理，绝不是说马马虎虎地管理，大家混日子，敷衍了事。这样做，害人害己，对待员工一定要严管。只有严管还不行，还要勤教，不教而管，就是虐待。

领导千万不要随便惩罚员工，如果员工做错了，就惩罚他，那就只是在发泄自己的情绪。员工第一次做错，领导要向员工说明员工为什么错了，会产生怎样的后果，该如何补救，怎么改，这就够了。如果员工第二次犯同样的错，就不要轻易放过他，但是也不能太严格，毕竟只是第二次犯错。这时，领导要告诉员工，再一再二不再三，如果有第三次的话，后果自负，因为那时所有人都不会原谅他，而不是你不原谅他。这样做，就会渐渐形成一种风气，员工也知道有错必改。

惩罚应针对屡犯者，而不应针对初犯者。初犯就受到重罚，那就没有人敢做事了，因为多做多错，不做不错，多一事不如少一事。大家都无所事事，企业如何能发展？

逐渐放手才能培养干部

一个人到底是圣贤还是凡人，关键在一个字——"无"，"无"的程度高，他就是圣贤，"无"的程度低，他就是凡人。就像出门不带钱的人才是有钱人一样，一辈子老在"有"这个层次打转的人，其实很可怜，就是我们所讲的"想不开"。非要抓住权力不放的领导身心疲惫。权力就是，你认为"有"就有，你认为"没有"就没有；人家尊重你，你没有也等于"有"，人家不尊重你，你"有"还是等于没有。其实"有"和"没有"，是如影随形的，是永远并存的，不可能割裂。

一个领导在企业创业初期，确实应该亲力亲为，带领大家一起奋斗；但当企业走上正轨后，领导就要逐渐放手，将权力移交给干部。这就像教小孩儿走路一样，当一个小孩儿蹒跚学步时，你扶着他，他才敢走路，如果你一开始就撒手不管，小孩儿就会摔跤，以后他就不敢走了。等他渐渐走得稳了，就要放开手，让他自己去尝试，如果此时你还不放心，还要扶着他，那他就一辈子不会走路了。

管理员工也是同样的道理。一开始，领导要带着干部，教会他们怎样做，否则是不负责任的，领导的责任是保证干部能够完成工作。干部成长到什么程度，你就放手到什么程度，这个"度"要自己去拿捏。

"无"不是什么都不做，而是做到合理的地步。很多领导都是从"有"开始的，所以舍不得放权，或担心干部做不好，这样一生占有权力会很辛苦。

等你把所会的知识都传授给干部后，就要逐渐放手，让他们自己去尝试，而你自己得抓紧时间充实自己。干部成长了，你也得成长。当你的干部不太相信你，或者他们给你提出很多意见，或者你交代的事他们推三阻四，甚至玩花样，你就应该明白问题出在你身上，要从自身找原因。老是责怪别人的人，是不可能成长的，而随时自我检讨的人，才会不断提高。

其实，人生就是从"有"到"无"的过程，人一生下来就开始"有"，到死亡以后就变成"无"。领导者要体会到这一点，从"有"慢慢修炼到"无"。在"有"的时候，你会不断成长，越来越好；当你过了一定年纪之后，渐渐地，腿没有力气、眼睛模糊、牙齿松动、头发掉落，你就应该进入"无"的境界。如果这时候你还要继续奋斗的话，就会折损寿命。就像诸葛亮一样，他是智慧的化身，且一生勤勉。当了蜀国丞相后还凡事亲力亲为，就连处罚士兵二十军棍这样的小事都要亲自过问，生怕别人处理得不公正，结果劳累过度，英年早逝，给蜀国带来了致命的打击。

当一个人有目的地去做，他是不积极的；当一个人没有目的还继续做，才是积极的，所以说"无为"其实是最积极的。"无"不是没有，"无"不是任何东西，但是可以变成任何东西，这就是"无中生有"的真谛。

职位越高的人，越应该做无形的工作；有形的、具体的工作，要交给基层员工去做。高层主管做的都是伤脑筋的工作，伤脑筋谁看得到？但是伤脑筋是有作用的，想想这个人为什么不高兴，怎么抚慰一下；想想那个人是不是太嚣张，怎么牵制一下。这些都是无形无迹的。

追求公正而不追求公平

西方人讲求公平,中国人知道不可能存在绝对的公平。管理是不可能公平的。为什么?因为机会是有限的。如果资源充足,机会无限大,人人都能得到满足,那绝对会很公平。但现实中是不可能的。比如,公司只能派两个人去日本观摩,每个人都想去,怎么办呢?领导就会提出很多条件,实际上,本来就应该某两个人去,领导提出的条件都是根据他们量身定制的。这样做,看似公平,其实大家心知肚明,毫无公平可言。而且被选中的人丝毫不会感激你,因为他们觉得这是他们应得的,没去的人会怨恨你,你只会得到一举两失的后果。

当领导的只能力求公正,而不是公平,并且要让员工明白这一点,这样,员工们会理解你的难处。如果你处处显示自己公平,员工就会在背后说你这也不公平,那也不公平,这岂不是自讨苦吃?做不到的事情就不要自欺,更不要欺骗他人。

公平是不可能做到的,但是可以做到公正。在我看来,公正就是合理的不公平。很多中国人受到西方人思想的影响,把平等当作处事的价值观,这是行不通的。我们只能做到合理的平等,甚至合理的不平等。所以,领导千万要记住,资源不足,机会有限,要告诉干部:"我保证我很公正,但是希望各位谅解,我是不可能公平的,总要有个先来后到,同样的条件,我们让他先去……"这样,去的人会感激你,因为他是被优先考虑的，而不是他应得的。没去的人也不会心生怨恨，因为你很公正。

在无形中培养接班人

为什么加上"无形"二字？因为有太多的事实证明，只要领导有意栽培哪个人，哪个人就会被"害死"。你可以试试，只要你公开宣布，现在要培养某人当接班人，那个人在三年之内未必当得了你的接班人。被排除在外的人会团结起来一起赶走领导的接班人，这样别人才有希望，不然别人永远没希望。在培养接班人方面，千万别迷信所谓的法定程序，那是行不通的。

所有干部的职责之一，就是要培养人才。有一家企业的老板曾经对我说，他有一个厂长非常好，勤勤恳恳地为他工作了17年，他的企业才成立二十几年。但是，他又说，他有一个遗憾，这个厂长做了17年，却没有帮他培养任何人才，他怎么可以一个人干17年呢？这就是阴阳文化的体现，正话反说、反话正说都是可以的。这个老板的真正意思是，那个厂长干了17年，却没有给他培养人才，而且还赖着不走。

老板最忌讳干部不培养人才，他会认为是干部嫉贤妒能，想霸占这个位子，害得公司不能发展……

有的干部为了自身的利益，确实有意回避培养人才，他怕长江后浪推前浪，新人抢走他的位子。其实不然。被新人顶替了位子，还可以高升，为什么要小看自己呢？

培养接班人不但要暗地里培养，而且还不能只培养一个人。一个领导真的要培养干部，就要让他轮调，让他从事所有的业务之后，才能知道他合适不合适接班。凡是直线升上来的干部，没有一个有好结果的。因为他们的能力不够，眼界太窄，专业有限。那些调来调去、久经历练的人更能胜任。

但轮调是一个理想，实际却行不通。因为有一个错误的观念，就是一个人做不好才会被调走。这个观念必须改正过来，做对做错都要调，而且是不定时的调动。定时调动是最糟糕的，如果说两年一调动，那么被调动的人，第一年不错，第二年不做。也就是说，第一年他为了不出错，会推卸责任："我是刚来的，要了解一下，我不敢乱动。"他说得很对，因为他还有一年就结束任期了，做到一半岂不是连累别人。第二年时他什么也不做，只是等待被调走。这样，调来调去，他什么也没做，什么也没学会。

所以，领导要营造这样一种氛围：做对、做错、做好、做坏都和别人没关系，公司需要你，就调你，这是一种荣誉。此外，没有固定任期，因为公司不知道什么时候需要什么样的人，这样轮调才会有效。轮调之前要有一个预备期，就是让被调的人适应一段时间再把他调过去；还要有一个酝酿期，看看大家的反应如何，有不同意见可以沟通，让大家心平气和，这时再调过去。

有很多制度在美国行得通，但是在中国行不通，所以不要什么制度都引进。在美国,就算是 CEO,只要辞职得到公司批准,从这一刻起就不准进入公司一步,做得非常绝情。在中国就完全不一样,你要辞职,公司还要挽留,还要开欢送会,还有后会有期……

考核干部并让其担责任

考核不是只考核某几项,而是要进行全面的、综合的考核。一个人有所长,必有所短,但事实往往是只要有一点小差错,就会造成大的纰漏。所以西方人那种只重视某几个项目的考核方式,往往会造成很多虚假现象,也就是说,当你只考核某几项内容的时候,下属就专门应付这几项内容,其他的不管。

> ### 让干部来负责
>
> 某新任大学校长开会时宣布了一项制度,告诉其下属的所有干部,校长只是法定的代表,学校实际的负责人是总务处处长。以后,教务方面的事情唯校长是问,其他的如财务纠纷、法律问题等均由总务处处长负责。
>
> 总务处处长一听这话,脸都黑了。散会后他就问校长,是不是打算把他换掉。校长告诉他,这是对他的支

持。如果校长承担所有的责任，总务处处长工作时就不会用心，他认为反正校长会用心审核的。而校长事无巨细都过问的话，就表示不信任总务处处长。这样，早晚会出纰漏。改由总务处处长负全责后，他工作就会更用心，这样校长就可以减轻负担了。

所谓策略，就是加强大家的责任，而不是整人。总经理应该奉行这样的策略：大事情，大过失，由高层主管承担；部门经理负部门的责任；小事情由基层主管负责；总经理对公司倒闭负责任，而公司没有倒闭时，其他主管就得负责。

千万不要把责任往自己身上扛，你有责任，其他的人就没有责任。有很多领导，平生只做三件事。

第一，千方百计要证明他的干部是白痴。

第二，忍不住要自己表现，抢干部的功劳。

第三，把所有的责任都扛在自己身上。

这是大错特错的，他们做了领导最不应该做的事，而领导应该做的是以下三件事。

第一，保证做我的干部有饭吃。

第二，不断地成长。

第三，让正确的人做正确的事。

做了这三件事，领导就可以轻轻松松地考虑将来，这才是领导的工作重点。

所以说，当领导的要懂得考核的策略并将责、权移交给干部，而当干部的要懂得明哲保身，有了权力以后更要小心翼翼。我们每天都在接触这些实际的东西，所有的纰漏都是由小问题导致的。我们不会拿着刀去杀人，也不会明着把公司的钱拿回家，凡是很明显的错误我们都不会犯，只会犯小错误，但是我认为，"大错不犯，小错不断"更可怕。

培养应变能力以策万全

人最重要的能力就是随机应变，随机应变不是投机取巧，凡是投机取巧的人没有一个能成功的，但是不会随机应变的人，没有一个有前途。

凡事都在变，方法要变，态度要变，但原则不能变。《三国演义》中的关羽坚持原则，瞧不起的人就是瞧不起，这很对。但是当孙权派人说"我的儿子要娶你女儿为妻"时，关羽可以拒绝，却不能说："吾虎女安肯嫁犬子乎？"此时的关羽相当于蜀国的外交大臣，说这种话简直对不起蜀国，完全违背了诸葛亮给他定的"北拒曹操、东和孙权"的八字方针。

见什么样的人说什么样的话，这才是高明的。领导要不断培养自己的应变能力，也要经常出各种难题来培养干部的应变能力，看他们的反应怎么样，应对不好就帮助他们改进。如果等到问题真正出现时才想着随机应变，是非常冒险的。人们都是"事后诸葛亮",碰到问题马上能提出解决方案的人很少,平时多锻炼干部,他们才会有把握,这是领导的责任。

根据干部能力分配任务

一个人在养花,另一个人走过来问:"你在做什么?"

"我在养花。"

"花是自己长大的还是你把它拉大的?"

"花自己在生长,我不能拉它,否则它会死的。"

"既然花自己生长,凭什么说是你在养花呢?"

"……"

花是自己生长的,那养花的人又在做什么呢?当然不能拔苗助长,但是可以做两件事:一是了解花的性格,喜阴还是喜阳,喜干还是喜湿;二是给花浇水、施肥,促进花生长。

培养干部也是如此,首先要了解干部,知道他的能力如何、喜好如何;其次,把干部的工作潜力激发出来。除此之外,就没有领导的事了。

了解干部的能力,就是衡量他能够挑起多重的担子。如果他只能挑50斤,你让他挑100斤,就是你的错。当然,任务应该有一定的挑战性,但是要有限度。你让他挑55斤,是在培养他;让他挑100斤,则是在虐待他。当你交代给干部的任务,他只能完成60%时,就说明你分配工作有误。领导的主要职责是知人善任，合理分配工作，并担保干部能够完成任务。例如，公司要接待外国客户，主管偏偏派一个英语能力很差的人负责，结果事情没有成功，这个责任当然是由主管来负。领导分配的工作，干部百分之百地完成，说明领导很会用人；领导分配的工作，干部只能完成一半，那责任应该由领导来负。不要老怪干部办事不力，他能力有限，你还让他做，分明是强人所难。到最后，受害的还是公司。

不要让干部完全了解你

当领导的一定要保持神秘性，不要完全透明化，一旦透明化，你的干部就会反过来掌握你，把你架空，然后蒙蔽你，使你无能为力。当你的干部完全了解你的时候，要想把你架空易如反掌。《水浒传》中的晁盖就是一个例子，他原本是山寨之主，等宋江上山后，晁盖的一举一动都在宋江的掌握之中，所以宋江轻而易举地就把晁盖架空了，逼得晁盖不得不亲自带兵攻打曾头市，最后一命呜呼。现实中也有很多这样的例子，很多老板辛苦创立企业，但为人过于透明化，使得他没有办法掌控公司，最后甚至被干部逼走。

有时候领导跟干部讲话要真真假假，比如，你在深圳，打电话到公司，说你已经到北京了，大概5分钟就可以到公司，然后看干部有怎样的反应；或者，你已经到北京了，然后打电话到公司，说你正在从香港往回赶，结果5分钟就到了公司。这种故弄玄虚的做法，使得干部不清楚你的真正意图，所以他们也不敢欺骗你。

身为领导，你永远也不知道进入公司的前一分钟，公司里的人都在干什么。也许前一分钟一个主管正揪着一个员工的领子要打他，结果看见你进来了，主管就改为替员工整理领带。你看到的只是和谐的状态，殊不知，暗潮汹涌。

在社会中求生存，每个人都应该学会装装样子，不要太真实。从员工的角度说，每个领导都要求员工说真话，其结果往往是，全说真话死得很快，全说假话死得很惨。所以只能走第三条路，说出来的话真真假假，让别人搞不清楚，达到这种程度才有可能当领导。

总之，中国人能不能团结，看领导，不是看成员。中国人弹性最大，变化最快，可塑性最强。领导者要了解人的本性，还要修身养性，这是管理团队的基础。

第三章
干部是团队的支柱

充实自己是成功之本

这里所说的干部指的是各级主管,包括老板以下、基层主管和基层员工以上的所有主管。

无论是哪一种干部,都有属于自己的直属团队,在其所带领的团队里,他们都是管理者。虽然他们的级别不同,但是在各自的团队中所起的作用基本上是一致的。有人认为,身为干部,应该具备一些特殊的素质,其实不然,我认为,当好干部只要具备以下基本条件就足够了。

要有一些基本的理念

一个人如果没有基本的理念,没有明确的目标,没有正确的价值观,成为团队的管理者之后,很容易就会迷失方向。你为什么要成为团队的管理者?是为了坚定的信念,你才会一直奋斗下去。如果仅仅是为了薪水，那么你不当管理者反而更轻松。

以下这三个基本理念，是中国数千年以来流传下来的，至今都没有改变，可以说是中国人共同的基本理念，更是干部应该遵循的。

德本才末

中国人无论怎么改变，始终奉行"德本才末"的理念，这一点是弥足珍贵的。

中国人评价一个人，往往不是看其出身，而是看他的选择。英雄不问出身，而是看他的价值取向是否正确——正确的，才会进一步看他是否有才干。不管你有多大才干，不管你有多少功绩，只要品德不好，那你所有的功绩都会一笔勾销。

现在很多人想替曹操翻案，我觉得没有必要。不可否认，曹操确实有很多地方值得我们学习。但是他晚节不保，所以人们抹杀了他的功绩。品德是大家都重视的内容，很难改变。一个人品德好，我们会考核其才干；品德不好，就算他才高八斗也枉然。所以作为一个团队管理者，不管是领导还是干部，都要重视德行，不能一味地以能力来取才。

以人为本

只有中国人才能做到以人为本，西方人则是以神为本，所以西方的经营管理实际上是神本位的。所谓神本位有三个特点：

第一，重视戒律。这是因为西方的神规定人不可以这样，不可以那样；而在中国却没有这样的规定。中国人从来不规定应该怎样做，只强调效仿。西方人重戒律，我们重参考权，即考察他有哪些值得我们效仿的。

第二，西方人把人规格化，这点和我们也不同。西方企业在用人的时候，更关注的是你学了什么课程，中国企业在用人的时候，经常会问你哪年毕业的、哪所大学毕业的、导师是谁等等。尽管我们一直在学习美国，但是很多地方我们还是没有学到，就是因为基本出发点不一样。中国人除了重视能力，还重视人格，我们知道每一个人都不一样，不能用规格来界定。

第三，中国人相信人会不断成长，西方人只关注你现在能不能为我所用。中国的企业主要看员工进来以后的表现，如果不能成长，就会让其离开。而西方企业着眼于现在，你胜任这份工作就来上班，胜任不了就另谋高就。中国企业把员工不能成长归咎于自己，而西方企业把员工不能成长归咎于员工个人。虽然中西方企业都重视培训，但培训的目的不同，西方企业是为自己训练人才，中国企业是为社会培养人才。

善始善终

不管在哪里，中国人都是有始有终，好聚好散，因为中国人的目光长远。中国人相信，人与人之间不但有善缘，还有孽缘，不但有"有缘千里来相会"，还会有"不是冤家不聚头"。因此，中国人重视广结善缘，认为"四海之内皆兄弟"，到时候自然能逢凶化吉，善始善终。

加强历练才会有提高

历练和经历不一样，历练是要吃一些苦的。一个人"不知民间疾苦"，那他就很难体会成功的重要性。中国有句话叫"吃得苦中苦，方为人上人"，孟子也说过："天将降大任于是人也，必先苦其心志，劳其筋骨，饿其体肤，空乏其身，行拂乱其所为，所以动心忍性，曾益其所不能。"说的都是这个意思。日本企业非常重视对干部和员工的历练，他们开设了"魔鬼训练营"，以锻炼干部和员工。"魔鬼训练营"最大的目的不是给你提供什么东西，而是让你知道世上有多少困难。

干部要多加历练才能开阔眼界，增长知识，积累经验，从而应付各种各样的困难。

提升沟通与协调能力

作为一个干部，最重要的能力就是沟通与协调能力。没有这两种能力，你就没有办法去管理团队，因为你一天到晚下命令，迟早会引起大家的反感，甚至有人会说你"拿着鸡毛当令箭"。沟通就是好好商量，我们常常觉得这个干部不好商量，那个干部好商量,其实只是好商量的干部沟通能力强。中国人不重视谁听谁的,而重视起码的尊重,就是说,我讲的话你不一定接受,但你一定要给我相当的尊重,你尊重我但不接受我的意见,我也会很高兴。

举个例子:很多时候爸爸讲了半天,儿子说"好、好、好",结果阳奉阴违,爸爸也不会追究什么。如果爸爸说应该怎么办,儿子当面说不行,爸爸肯定会很生气。其实爸爸也清楚,他的儿子根本不会按他的要求做,但是他还要说,而且不容许儿子反驳。我觉得这是领导和干部都需要慢慢领会的东西,要慢慢培养下属尊重你,即使他反对,也不能当面表现出来。能做到这一点,说明你的沟通能力很强。

协调能力是指你要整合团队成员,使大家相处融洽,这是很不容易的。因为你帮助这边,另一边就会反感;帮助那边,这边就会记恨。所以,你要同时摆平两边。但是真正能摆平两边的人不多,最后只好妥协,妥协并不是好办法。我的经验是,你要协调,自己就不要说话。当两个人起冲突时,就把这两个人叫过来,让他们当着你的面争论,但是你不要说话,如果你说话,他们就会怀疑你偏袒对方,其结果是他们都怨恨你。但是如果你一直不说话,就会给他们一种无形的压力,在这种压力之下,他们就会自动各退一步,最后慢慢找到一条解决之道,皆大欢喜。

寻找值得信赖的长辈

我们在生活和工作中经常会遇到一些难题，这时候能有一两位值得信赖的长辈指点一二的话，我们将受益无穷。有些事情，你去问别人，却无法判断他们的答案是真的还是假的；有时根本得不到答案：要么是对方不好意思说，要么是不方便说，要么是为了保密而不说……

每个人都说要坦白一点，做人要正直，实际上到了紧要关头，谁也做不到。刘备就是因为坦白地说了一句"自古废长立幼，取乱之道。若忧蔡氏权重，可徐徐削之，不可溺爱而立少子也"，险些酿下杀身之祸。有些人闲聊时会讲一大堆道理，当我们碰到紧急问题的时候，他们就跟我们打马虎眼，因为祸从口出，他们不得不谨慎。所以，能给我们指点的人很少。只有真正关心我们的人，才会在关键时刻给我们指点迷津。中国人常常教育子女说，要跟长辈多联系，其目的也在于此。平常多和长辈建立关系，多来往，让他们了解我们，及时给我们提供意见，我们将受益无穷。

中国社会跟日本社会不一样，中国社会讲渊源，日本社会则强调找到一两个能帮忙的人，也就是我们所说的贵人。日本人很希望有一两位可以指导他们的导师，可以是公司内部的，也可以是公司外部的。中国人更愿意相信来自可信赖的长辈的指导。

有朋友可以吐苦水

有很多事情是不能在家里倾诉的。你稍微吐吐苦水，你爸爸就会骂你："平常教你的都不听……"由于面子的关系，也不好意思对妻子倾诉。所以家里并不是解决工作难题的地方。遇到这种情况，只能向朋友发泄一下，以缓解压力。你一定要交一些知心的朋友，让你可以发泄心中的郁闷。

有一个心灵的避风港

当你心情低落的时候，要有个地方可以让你放松身心，起码可以暂时让你逃避一下。这个地方，可以是棋牌室，可以是KTV，可以是体育馆……只要你能放下心灵的包袱，这些地方就是你的避风港。当然，要确保你的避风港是正当的地方，否则，你会惹来更大的麻烦，无异于引火烧身。

掌握部分的裁决权

如果一个干部什么事都要听领导的命令，自己做不了主，那不如不当干部，无官反而一身轻。但很多干部都没有意识到这一点，认为完全服从领导就是最好的表现。历史上，有很多人完全听命于领导，最后领导把他们出卖了，他们连一点自保的能力都没有，这是最冤枉的。很多干部在权力方面一味地退让，甚至完全不要裁决权，最终导致领导越来越干预干部分内的事情。如果干部想要行使自己的权力，领导反而会尊重他的意见；如果干部毫无主见，事事都要听命于领导，那很多事情领导就可以替他决定了，他完全是个"奴才"，领导又何必用他？

而干部也许这样认为，自己应该配合领导，反正最后由领导决定，自己何必提出反对意见？其实并非如此。干部一定要掌握部分裁决权，才可能做好自己分内的事。权力是你自己奋斗得来的，而不是争来的。干部绝对不要争权，你抗议领导干预你的工作，就是争权，争权是没有好下场的。你要通过优异的表现，让领导放心，让他自然而然地尊重你，你就可以争取到相应的裁决权。

有多数下属的支持

这是非常重要的。一般情况下，下属对自己的顶头上司是支持的，因为"不怕官、只怕管"，若跟顶头上司处不好，即使本事再大也没有施展的机会。在这种优势之下，干部还得不到下属的支持，一定要自我反省。如果干部让下属感觉到你只是单纯地利用他们，而一点都不关心他们，更有甚者，让他们认为，你是牺牲他们来成就你，不但加重他们的工作，还要把功劳抢走，那么，下属是绝对不会支持你的，而且会处处与你作对。

当干部感到下属不配合的时候,就要找"地下组织"的带头人。我认为,不要完全禁止"地下组织",而且你也禁止不了。只要有人,就一定有派系。干部应该对部门中的派系睁一只眼闭一只眼,做到心中有派系,嘴上没有派系。嘴上说出来,就等于将派系划分出来,那派系间的隔阂会越来越大。三个人分成两派是正常的,团队领导者的职责之一就是整合派系。

有坚决求去的本钱

如果干部连这点本钱都没有的话,就会被"欺负"。要积累坚决求去的本钱,应具备一个条件:把家安顿好,没有后顾之忧,家和万事兴,这样你才能全力以赴投入工作。

无可奈何的助理

有一个人,是老板的助理。老板非常繁忙,经常下班以后,还在外面应酬回不来。身为老板的左右手,这个人不好意思先回家,总是在办公室等老板。有时候,等到八九点钟,老板从外面打来电话,说:"我就知道你不会那么早走,我很快回来,你再等一下,我有要紧事跟你谈。"他就更不能先走了,而老板嘴上说很快回来,却常常让他等到十一二点。

这个人很生气,也很无奈。碰到这种情况怎么办?

如果他每次都等老板回来,老板并不会认为他敬业,而是认为他家庭不幸福,不想回家。第一次等老板没有错,因为要体谅老板的难处,他一次也不配合的话,就会给老板留下不好的印象。但是,他每次都等老板的话,老板就会慢慢看不起他,并且怀疑他有什么企图,认为他是利用公司的资源而不是为了等老板。第二次的时候,他应该留一条信息,说:"我一直在等您,但是因为家里有急事,我必须回去,您有事随时给我打电话,我再回来。"如果有第三次,既然老板没吩咐等着,他直接回去就行了。老板也不能太过分。

人都有保护自己的权利,但是没有顶撞对方的必要。人不能大声地斥责对方,但要用行动来保护自己。当下属的应该很客气地向上级传达这样一个信息:你要用我可以,但不能太过分,否则我就辞职不干了。上下级之间经常会产生很多摩擦,如果下级经过长期的忍耐最后爆发了,后果会很严重。

同事关系是很短暂的,留下下次见面的情分才是永久的,做人留一线,日后好相见。

当一个人得罪你的时候,他心里会有些愧疚,但是你也对他翻脸的话,他就不再觉得有愧了。我始终不赞成理直气壮,宁可自己理直气和，这样，吃亏也是在占便宜。

有推心置腹的助手

现代管理已经造成一些"过劳死"的悲剧。为了追求利润、效率，竟然过度劳累，以致死亡。这样以身相殉的惨剧，当然不为从事经营管理者所乐见。

想尽办法，把自己累死，大家肯定不愿意。可是很多人不知不觉地掉入这种管理陷阱，被害死了还不明白真正的原因。

就算躲过生理上的迫害，心态上的失调也必须善为调整。一个干部在领导面前拼命表现，又在自己的下属面前表现，那就等于蜡烛两头烧，很快就会心力交瘁。一个好的干部，要做到自己在领导面前全力表现，回到部门后，下属全力为你服务。这表示，你能够跟下属打成一片，下属知道你到领导那里不是去拍马屁，而是去表现。干部受到赏识，说明干部所率领的团队整体表现良好。如果你在领导面前努力表现，回来后凡事亲力亲为，久而久之，也会对身体造成很大伤害。

认真是一回事，身体更重要，因为身体是革命的本钱，没有好的身体，你能认真多久？领导给你的压力越大，你就越需要下属的支持，就越需要有一两位得力的助手。对待得力助手要推心置腹，凡事都和他们商量，让他们感觉到，他们和你是平等的，这样他们才会真心对待你。

有他人所不及的长处

每个当干部的都要有点他人所不及的长处，这样就算领导要换掉你，也会投鼠忌器，怕找不到更适合的人。

上述这些条件在专业的管理书上很少谈到，但是我觉得这是当干部的必需条件。具备这些条件就可以去当干部，如果不具备这些条件就算当了干部，也不如当一个基层员工开心。

相敬如宾是相处之道

领导与干部的关系，就像棒球运动中投手跟捕手的关系一样。投球的时候，表面上看，是投手在做主，他想投哪里就投哪里，其实做主的是捕手。每次投手投球前，捕手都会用手势告诉投手投哪里，否则捕手怎么能接得到。投手和捕手之间要有高度的默契，领导和干部之间也应如此。

领导对干部要合理控制

领导有两种类型：一种是刘备型，一种是曹操型。刘备把诸葛亮捧到最高的地位，不仅要求所有下属都听从诸葛亮的安排，自己也对诸葛亮言听计从，这是对干部的绝对信任。而曹操呢，唯我独尊，干部可以提建议，但决定权始终掌握在他的手中。这两种类型的领导都不错。最糟糕的就是袁绍型的领导，本来袁绍的声望、势力都超过曹操，结果还是被曹操打败了。曹操以7万军队打败了袁绍的73万大军，凭什么？虽然袁绍也有很多谋士，但是众谋士各说各的，意见不统一，袁绍本人又优柔寡断，不知听谁的好，唯一一个有才能且对他忠心的谋士田丰却遭他忌恨。而曹操虽然也让谋士们畅所欲言，但最终都是由自己作决定。刘备则不同，他觉得既然辛辛苦苦把诸葛亮请出来，不用白不用，所以大事小情都听他的。

领导平时要做自己应该做的事

平常，表面看是领导在做主，实际上是干部做主。在紧急的时候领导应该自己做主。遇到小事情，领导不出面，先让员工去处理，员工处理不了，让干部去处理。但是遇到危急的、重大的事情时，领导就要挺身而出。

平常领导也不是无所事事，他有两个任务。

领导的第一个任务是，始终掌握最终决策权。这里的决策有三层意义。

第一，决策必须是正确的。大家都知道，腐败是很可怕的，殊不知，决策失误比腐败更可怕。错误的决策会贻害无穷，想挽救都挽救不回来。

第二，决策不是决定。决策跟决定不同，决策针对的是重大的事件，影响长远，否则只能叫决定，没有资格叫决策。

第三，决策要能带动整个团队共同前进。有的领导说："赚再多的钱我不在乎，损失再多的钱我也不在乎，我在乎的是让我的团队知道该做的就要去做，不计较成败得失。"这就是领导的理念问题，决策是重大的，同时要为团队树立一个正确的价值观。

掌握最终决策权就是，领导要让干部知道，除非你点头，否则谁都不能擅自行动，因为你要负责任。你很尊重干部，干部不等你同意就擅自行动，出了事情，却要你负责，试想，有哪个领导愿意承担这种不明不白的责任？从另一个角度说，干部连领导的意见都不征求一下，等于没把领导放在眼里，这样的干部谁还敢用？

领导的第二个任务是，考察你用的人对不对。只要用错一个人，就等于引进了害群之马。诸葛亮一生最大的错误就是用错了马谡，导致第一次出师失败。

其实，马谡的死，诸葛亮也有责任，刘备就很不欣赏马谡，临终的时候特意交代："朕观此人，言过其实，不可大用。丞相宜深察之。"但是诸葛亮还是相信马谡，最后只能"挥泪斩马谡"。

做不该做的事不如无所事事

领导在平时只做好以上两件事就可以了，其他的事要交给干部去做，也就是说，只要干部能做的领导就不要做。如果领导把干部的工作抢来做，就会妨碍干部的成长，这样的领导不会带人。凡是跟着太强悍、太能干的领导的人，往往学不到什么东西，还会变得越来越无能。

很多领导没有体会到做基层员工的压力，年轻人总是要学习、要长进、要历练的，如果领导把所有事情都做了，那他们做什么呢？尊重下属，照顾他们，给他们平台，让他们有机会历练、长进，这才是正确的。

不但如此，干部不能做的领导也不可以做。领导可以教干部怎样做，但不能替他做，替他做就是剥夺了他学习的机会，这叫"授人以鱼，不如授人以渔"。干部一次学不会，就教他两次，既然领导不能一辈子给他"鱼"，就要确保他学会"渔"。领导可以在旁边看他怎么做，随时给他提示，随时给他援助，保证他能成功，这是领导的责任。

如果领导对干部说，"你不行，还是我来做吧"，就大错特错了。诸葛亮刚出山时，所有的人都在看他如何行动，尤其是关羽、张飞两人对他很不服气——"却说玄德自得孔明，以师礼待之。关、张二人不悦，曰：'孔明年幼，有甚才学？兄长待之太过！又未见他真实效验！'"所以，诸葛亮一出山就遭受了很大的考验，当时曹操带十万大军要攻打他们，所有人都等着看他如何退敌。

孔明令曰："博望之左有山，名曰豫山；右有林，名曰安林：可以埋伏军马。云长可引一千军往豫山埋伏，等彼军至，放过休敌；其辎重粮草，必在后面，但看南面火起，可纵兵出击，就焚其粮草。翼德可引一千军去安林背后山谷中埋伏，只看南面火起，便可出，向博望城旧屯粮草处纵火烧之。关平、刘封可引五百军，预备引火之物，于博望坡后两边等候，至初更兵到，便可放火矣。"又命于樊城取回赵云，令为前部，不要赢，只要输。"主公自引一军为后援。各须依计而行，勿使有失。"云长曰："我等皆出迎敌，未审军师却作何事？"孔明曰："我只坐守县城。"张飞大笑曰："我们都去厮杀，你却在家里坐地，好自在！"

(见《三国演义》第三十九回)

如果诸葛亮也带领一两千人出去打仗，那肯定会输。要知道，大将不动才叫大将，小兵勤劳才叫小兵。没到紧要关头，大将就不会出面。领导也是如此，一般的事情轮不到你，你绝对不能出面，否则前功尽弃。

如果领导不分情况，凡事都想出面干涉，干部就没必要跟你配合，只要听话就行了，至于后果如何，干部丝毫也不关心。这样的话，领导就等于孤军作战，干部也会逐渐退化成做事的工具。为了避免这种情况，领导要让干部知道自己的管理手段，让他们明白你的原则和方法，他们才好配合。领导要随时辅导干部而不是教导他们，要引导他们进入你的游戏规则，这样才能产生良性互动。

巧妙解除干部的权力

某公司的业务部有一个干部，又能干、又热心，就是不通财务，整个账目乱七八糟。一般来讲，这种人是不能管钱的。如果开除他，公司就会损失一员干将，直接将他调往他职，也会影响他的工作热情。

于是，老板把这个干部叫到办公室，很和蔼地对他说："每一次看到你，我都会想起自己年轻的时候。"干部受宠若惊："我怎能跟您比？"老板说："你一旦可以跟我比，就会样样比我强。"这种"高帽子"方式非常有用，干部完全放松下来。老板接着说："我们两个有相同的地方，也有不同的地方。相同之处是，都很认真，都很负责，生怕事情做不好。"干部说："对，对，对⋯⋯"老板又说："我们还有个共同的地方，就是我们都很讨厌管钱。"干部听到这话不能反驳。

老板的意图很明显，就是不让他负责资金往来，但老板没有明说，而是用其他的话来包装这句话："⋯⋯所以，我年轻的时候，就跟上司讲，事情让我做，钱不要让我管。现在，我看出你也是这样想的，所以事情还是拜托你做，钱就不让你管了。咱们都不管，我让其他人管，让他们去伤脑筋。"

就这样，老板一步一步地把那个干部诱导进他的游戏规则中。

这样做，既不会失去一个得力干将，又不必天天担心。一个领导一定要做到无人不可用，老是换人也不是件容易的事。对待干部，要让他发挥优点，同时又要克制他的缺点。

企业对采购人员的衡量和选择

某企业的采购部门有一个采购主管，在工作中眼光锐利、思维清晰、凡事主动并且判断力很强，购入的原材料也都能够满足企业生产经营的实际需要。但美中不足的是，该采购主管喜欢在采购环节牟取私利，抽取一定的佣金。采购部门还有一个副主管，在平时工作中清正廉洁，凡事一丝不苟，但就是购入的原材料往往不能符合企业的要求。那么，对于这样的两个采购人员应该如何衡量和选择呢？

实际上，在这个问题上，主要应该把握以下原则。

• 采购价格市场最低，确保企业在采购环节的成本最低；

- 购入的原材料符合用料单位的实际需求；
- 购入的原材料能够如期交货，不会对企业自身的生产工序及进度安排造成负面影响。

只要满足这三点，就是好的采购人员。如果在保证这三点的基础上，采购人员还有本事获得私利，就算对他的奖励好了。

带一个团队，要有本事对每一个人有针对性地提出要求，其余的可以睁一只眼闭一只眼。

常常唱反调只为合理地控制

为了更好地管理干部，领导还要常常跟干部唱反调，如果干部说什么，你都接受，他们就会认为你根本没有主见，没有主见的领导就不具有权威性。但是，唱反调并不代表你反对干部，否则就没有人敢说话了。有人会问，领导跟干部说不同的话，又不代表领导反对，那他为什么唱反调？

这是奥妙所在。比如，你从外面进来，对别人说："外面有一条蛇，有五米长。"他会有什么反应？外国人只会说他相信或不相信，而中国人很聪明，他不知道你告诉他的是不是事实，无法轻易下结论，这时就会用唱反调的方式吓唬你："怎么可能？！哪有蛇这么长？"他这样说就是看你会不会坚持说法，如果你坚持的话，就证明你的话是真的。

领导遇到无法判断又必须要做决定的情况，经常使用这种招数。但是大部分干部都不懂，他们认为领导这样做是不相信他们。其实，干部应该合理地坚持，这样才能树立信用。干部的信用就是合理坚持的结果。

对不同的干部，领导要采用不同的方法。对老实的干部，领导凡事要交代清楚一些，因为他们听不懂深奥的话；对聪明人点到即止，说得太清楚他们会觉得没面子；对动作慢的干部，领导要督促他们快一点儿；对动作太快的干部，领导要让他慢一点儿。

干部对领导要敬而远之

《三国演义》中有几个人物，可以给干部一点启示：一个是马谡，一个是魏延，一个是杨修。前面说过，刘备一直很讨厌马谡，认为他言过其实，不可重用，但由于诸葛亮在攻打孟获之时，马谡曾提出"攻心为上，攻城为下；心战为上，兵战为下"（出自《三国志·蜀书·马谡传》）的建议，与诸葛亮的想法不谋而合，因此一直被诸葛亮另眼相待。而魏延与马谡正好相反，是诸葛亮非常讨厌的人之一。在长沙之时，魏延与黄忠同时投降刘备，而境遇却大不相同。

第三章　干部是团队的支柱

> 玄德待黄忠甚厚。云长引魏延来见，孔明喝令刀斧手推下斩之。玄德惊问孔明曰："魏延乃有功无罪之人，军师何故欲杀之？"孔明曰："食其禄而杀其主，是不忠也；居其土而献其地，是不义也。吾观魏延脑后有反骨，久后必反，故先斩之，以绝祸根。"玄德曰："若斩此人，恐降者人人自危。望军师恕之。"孔明指魏延曰："吾今饶汝性命。汝可尽忠报主，勿生异心，若生异心，我好歹取汝首级。"魏延喏喏连声而退。
>
> （见《三国演义》第五十三回）

而杨修与马谡、魏延不同，本来没人想杀他，他却一步一步把自己逼到死路上去，真是"自作孽，不可活"。

一个干部，如果总经理很欣赏你，但是董事长很讨厌你，你就是马谡；如果董事长很欣赏你，总经理讨厌你，你就是魏延。最后两个人死得都很惨，一个是被诸葛亮挥泪斩之，一个是被诸葛亮死后杀之。死了都不放过，可见，诸葛亮对魏延的厌恶有多深。而杨修是自己不安分，屡犯领导的大忌，结果被领导找个理由杀了。

中国人常说："有缘千里来相会。"上下级之间相处得如何，也要讲个"缘"字，马谡与诸葛亮就很投缘，所以受到他的重视，而魏延就和诸葛亮不投缘，所以诸葛亮第一次见他就要杀他，死后也不放过他。

魏延和诸葛亮就像一对冤家对头，先不说诸葛亮对魏延的看法公不公正，魏延这个做下属的，先要检讨一下自己与上级的关系。虽然魏延有"不肯下人""又性矜高"的缺点，但不失为一位人才。在"六出祁山"之时，魏延曾对诸葛亮制定的北伐路线提出过异议，并提出自己的合理建议，结果被斥为"轻躁冒进"。既然知道诸葛亮看自己不顺眼，还敢犯颜直谏，能有好结果吗？其实，无论他的建议如何，诸葛亮都不会听他的。碰到这种情况应该怎么办？走迂回路线，自己的建议上级不采纳，就找个上级信得过的人提出，如果魏延当时让姜维提这个建议，恐怕"北伐"就成功了。

干部要对领导意图心知肚明

干部要了解领导的看法，这是最重要的。在某些方面，心口不一是一种处世哲学。当我们讲"无"的时候，心里想的是"有"；讲"有"的时候，想的是"无"；讲"不要"的时候，就含有"要"的意思；讲"要"的时候，基本上都是"不要"的。当我们说"没意见"的时候，就是说，我有意见，只不过我尊重你，不方便公开指出，你真的要听，我们可以私底下交流。

比如说，当领导在会上表示"没有意见"的时候，干部千万别当真。如果不问清领导的意见，出了问题，就会唯你是问。当然，你也绝不能逼着领导公开说出意见，你让领导坦白交代，你的下场就是"死得很快"。领导有自己的立场，不公开反驳干部，

第三章　干部是团队的支柱

是为了给干部留一点面子，是为了表达自己对干部的信任，而不是他真的没意见。聪明的干部要对领导的意图心知肚明，等到散会以后再去问领导，具体应该怎么做。如果你真的以为领导没意见，领导就会想："我怎么可能没意见，难道我一直在尸位素餐吗？"

有的干部不太了解领导的心理，如果领导提出一个问题，为了表现自己博学多才，给领导解答得很详细，最后他肯定是会让领导讨厌的。当领导问你问题的时候，有两种情况：一种是他不懂，想问你到底是怎么回事，但这种情况发生的概率较低；另一种是他很了解这个问题，只是想炫耀一下自己，结果你把答案都说了，抢了领导的风头，那你不成了他的眼中钉才怪呢。

心知肚明的意思是说，干部的心里要想着领会领导的意思，但千万不要显示出你完全了解领导，即使了解也要装成不了解，这是一种自我保护。如果你的领导说"我给大家讲个笑话"，你千万不能说："这个笑话你讲过了。"领导心里想："我就会这么一个笑话，你都不让我讲，那你来讲好了。"聪明的干部，就算听了一百遍，照样会大笑，就算他心里是笑话领导只会讲一个笑话，也会表现出听得很开心的样子。这是顾及领导的情面，不是欺骗，而是装成很好笑的样子。

干部若处处表示"我知道领导在做什么"，那他的处境可想而知，杨修就是一个很好的例子。

原来杨修为人恃才放旷，数犯曹操之忌：操尝造花园一所；造成，操往观之，不置褒贬，只取笔于门上书一"活"字而去。人皆不晓其意。修曰："'门'内添'活'字，乃阔字也。丞相嫌园门阔耳。"于是再筑墙围，改造停当，又请操观之。操大喜，问曰："谁知吾意？"左右曰："杨修也。"操虽称美，心甚忌之。又一日，塞北送酥一盒至。操自写"一合酥"三字于盒上，置之案头。修入见之，竟取匙与众分食讫。操问其故，修答曰："盒上明书'一人一口酥'，岂敢违丞相之命乎？"操虽喜笑，而心恶之。操恐人暗中谋害己身，常分付左右："吾梦中好杀人；凡吾睡着，汝等切勿近前。"一日，昼寝帐中，落被于地，一近侍慌取覆盖。操跃起拔剑斩之，复上床睡；半晌而起，佯惊问："何人杀吾近侍？"众以实对。操痛哭，命厚葬之。人皆以为操果梦中杀人；惟修知其意，临葬时指而叹曰："丞相非在梦中，君乃在梦中耳！"操闻而愈恶之。

（见《三国演义》第七十二回）

后来曹操兵败斜谷，以"鸡肋"为口令，"行军主簿杨修，见传'鸡肋'二字，便教随行军士，各收拾行装，准备归程"。结果，曹操以扰乱军心为名杀了他。《三国演义》中说杨修是"身死因才误，非关欲退兵"，其实就是说他犯了曹操的忌讳。

聪明的人，如果看到自己穿的西装和老板的一样，都会赶快换掉。如果跑过去说："老板，我穿的跟你一样，你花多少钱买的？"就等于自杀，老板早晚会把这种人开除。

干部对领导要保持适当距离

干部要对领导敬而远之，保持适当的距离，有距离才能产生美。首先，领导的家务事不要介入。

《三国演义》里面只有一个人十全十美，就是赵云，但刘备并不喜欢他，升官时没有他，只有碰到麻烦事才找他，就是因为他介入刘备的家务事太深。干部如果介入领导的家务事，就会惹领导不高兴，其他的人也会愤愤不平。赵云先是长坂坡救阿斗，后是截江夺阿斗，多次保护刘备家小，身为刘备结拜兄弟的关羽、张飞会怎么想？

其次，领导的喜好一定要尊重。比如说领导喜欢的颜色、口味等，这些东西完全是主观的，千万不要乱加评价，甚至反驳。

聪明的秘书

某老板非常喜欢蓝色，他要求办公室里的沙发套、窗帘等一律用蓝色的。但是老板娘特别喜欢红色，用其他的颜色她会很不高兴。怎么办？秘书可为难了，他总不能把老板和老板娘叫过来，说："你们俩商量好了再告诉我结果。"秘书冥思苦想一阵，终于计上心来——做两套不就解决问题了。

老板娘平时很少来老板的办公室,她不来的时候就用蓝色的;知道老板娘要来,就赶紧换红色的。

一开始,老板很奇怪,问他为什么要换。秘书说:"没什么特殊的原因,只不过老板娘喜欢红色的,看到蓝色的会生气,你何必让她生气呢。"

老板觉得秘书的做法反正无伤大雅,而且皆大欢喜,何乐而不为呢?

后来,老板娘终于知道了秘书的做法,也知道秘书夹在中间很难做,并没有怪他。

人不能欺骗别人,但是可以造假,造假跟欺骗完全不同。很多事情都是事缓则圆,缓就是要顾及大家的情面,体谅每个人的立场,所以适当地走一些弯路,最后大事化小,小事化了。

我们不太愿意解决问题。你不解决问题,永远只有一个问题;你解决了一个问题,后面还会产生很多的问题。我们通常会化解问题:"大事化小,小事化了""化干戈为玉帛""化害为利"。

遭遇问题,马上动脑筋,想办法加以解决。乍听起来很有道理,也显得十分积极。然而,往深一层思考,便不难发现,一个问题解决了,常常会引发更多的问题,弄得大家越来越忙碌,并不合乎管理所要求的"省力化"。后遗症的严重性,想起来相当可怕。

发现问题时，不妨先想想"不解决行吗"。如果不解决比较好，让大家的心思集中在这个问题上面，比较容易应对，那就"明明能够解决，也要装迷糊，尽量拖延"。中国人常常提醒自己慎防"无以为继"，极力控制自己不要开先例，其实最主要的用意在防止后遗症的产生。

领导为了集中下属的心思，使大家暂时凝聚在某些焦点上面，往往能解决却有意搁置。其实他心里有数，等待时机成熟，才果断地快刀斩乱麻，显得更有智慧、更有魄力。这种方式，可以产生"增强员工信心"的效果。

不解决不行的时候，也不要赶紧想办法解决。这时候先把问题抓出来，丢给干部去伤脑筋；同时让干部再丢给基层员工去想办法。问题由上面提出来，大家才会重视。交由下面去动脑筋，他们才不致过分理想化，不会因对问题的答案寄予太高的期望而导致失望。

领导当然有解决的方法，但是一说出来，就会引发大家的不满。因为讨价还价，已经成为成交前的必要动作。大家盼望经由不满意的表达来争取更为优厚的方式，使领导放出更大的利益，方便大家的操作。

有答案却不说出来，只是把问题丢给干部去研究，一方面表示领导重视干部，相信干部有能力；另一方面则考验下属如何应对，会不会站在领导立场，也替领导想一想。

这种化解的方式，必须做到"合理"的地步，才能持续有效。否则干部会认为领导运用"借刀杀人"的计策，明明有腹案，故意不说出来，只想借他的口和笔，按照领导的意思表现在白纸黑字上面，让大家骂他、怪他，甚至把他看成马屁精，专门逢迎领导的"旨意"。

领导把问题抛出来，让干部去设法解决。干部必须广征基层员工的意见，以免闭门造车，惹领导不高兴，基层员工也不谅解。所以领导不能马上提问题，立即要答案，迫使干部敷衍了事，事后才后悔不止。领导提出问题，应该问一问干部，需要多久才能够提供答案。干部自己会盘算，大概要费多少时间，以便充分沟通。给干部合理的操作时间，正是领导具有丰富实务经验的最佳佐证，最能够让干部信服。

职位越高越容易受领导猜疑

距离领导太近，很容易遭到领导的猜疑。从领导的角度说，有这种心态十分正常。人心隔肚皮，谁敢保证自己亲信的人不会心怀不轨。而被领导的人看过很多"飞鸟尽，良弓藏；狡兔死，走狗烹"的故事，当然也是心生恐惧，不敢不随时防备。

上对下，要慎防"祸在所爱"，以免被亲信害死。下对上，要慎防"触犯逆鳞"，以免被上司整死。这样相互提防确实很累，但每个人都是不得已而为之。

这样的矛盾冲突在领导与高层主管之间更激烈。因为两者的关系最近，能力也相差无几，稍有不慎，高层主管就可能推翻领导的地位，取而代之。因此，领导在挑选高层主管的时候最谨慎。一般来说，领导希望找什么样的高层主管呢？我们现在受西方的影响，认为能力最重要，其实，在企业里没有能力却身居高位是很正常的现象。能力只是一个方面，领导的标准是，比自己强的不行，比自己弱的也不行。最好是，在领导面前高层主管很弱，领导不在时高层主管很强，这样的高层主管才是最厉害的。

很多人好不容易升到高层主管，结果被领导赶走了，就是因为他们常常抢领导的风头。

所以，身为高层主管，在领导面前，应该谨言慎行。有句话叫"伴君如伴虎"，说的就是他们的处境，一不小心就会说错话，一说错话就损失惨重，而职位越高越输不起。所以，多听少说就是他们基本的保身之道。曹操在长江边横槊赋诗，他的下属刘馥指出诗中有不吉之言："月明星稀，乌鹊南飞；绕树三匝，无枝可依。此不吉之言也。"结果被曹操一槊刺死，这就是多嘴多舌的下场。

职位越高的人，处境越危险。当公司发不出薪水，基层的员工发全薪，高层主管只能发 1/3。因为拖欠员工工资，员工马上就会离开，而高层主管不敢轻举妄动。

会当高层主管的人，一看到公司发不出薪水来，就应主动要求减薪。这才是比较圆融的做法。因为你越是要求减薪，领导越不忍心不发给你。

身为高层主管,还要取得领导的信任,这样领导才放心把权力交给你。

如果领导信任你,就算有人说你存心不良,他也会不以为然。《三国演义》中有个小故事就是这样的例子。

刘备兵败逃亡之时,他的儿子阿斗被困在乱军之中,赵云折回去救阿斗后,很多人就对刘备说,赵云见大势已去,投奔曹营了。刘备断然否定。

> 正凄惶时,忽见糜芳面带数箭,踉跄而来,口言:"赵子龙反投曹操去了也!"玄德叱曰:"子龙是我故交,安肯反乎?"张飞曰:"他今见我等势穷力尽,或者反投曹操,以图富贵耳!"玄德曰:"子龙从我于患难,心如铁石,非富贵所能动摇也。"糜芳曰:"我亲见他投西北去了。"张飞曰:"待我亲自寻他去。若撞见时,一枪刺死!"玄德曰:"休错疑了。岂不见你二兄诛颜良、文丑之事乎?子龙此去,必有事故。吾料子龙必不弃我也。"
>
> (见《三国演义》第四十一回)

事实证明,赵云真的是忠贞不贰,没有辜负领导对他的信任。而一个干部能获得领导如此的信任,也是难能可贵的。

夫唱妇随是配合之法

中国式团队管理的关键在于把人与人之间的互动，引进管理里面，必要时要刚柔相济、软硬兼施。在这方面，领导与干部的配合非常重要。配合得好，无往不利；配合得不好，则两败俱伤。

领导接受方法，干部拒绝理由

中国式团队管理一定要把"理由"屏蔽掉，因为很多人都是"理由专家"，做任何事都能找到理由，我国的史料非常丰富，随便一想就能找出很多先例。在这方面，领导者要以身作则，遇到困难的时候，要将精力和时间花在"寻找方法把工作做好"上，而不是千方百计地找理由推卸责任。

不仅如此，在公司里面，还要树立一个很好的原则，就是不接受任何理由。如果领导者不听任何理由，那员工慢慢就知道找理由是无法逃避责任的，只好去找方法。当大家都去动脑筋、找方法时，这个团队就会无往而不利。

但是不要由领导来拒绝员工的理由，任何事情由领导说出来其实都是没什么效用的，而由干部说出来则比较有效。所以中国的领导多半不直截了当地宣布什么，而通过干部的口来传达。当员工找理由的时候，领导不要表态，要由干部说："我们是不听理由的,你不要用理由来烦领导。"然后领导说:"没关系,让他讲。"

领导争当好人,干部甘当坏人

在公司里,领导与干部要配合,由领导做好人,干部做坏人,这样团队才有朝气,凡事都让领导做坏人公司就完了。

这个原则运用得好,会为公司带来很大利益。比如,当你的公司与客户讨价还价的时候,你不要出面,而是让干部说"丑话":"报告领导,我知道你跟他有很深的渊源,你们的交情很好,你一定会给他最低的价钱。但是,我们研究到凌晨5点,这个报价我们真的无法接受。"领导有难的时候,干部要挺身而出。然后领导再出面:"没有关系,我们是好兄弟,就算亏本我也要卖给他。"这时,对方一定会圆场:"不行啊,我怎么能让你亏本呢。"人与人的尊重是相互的,你让他一尺,他让你一丈。这样,问题就解决了。

假定一个团队没有几个敢承担责任、敢做坏人的干部,这出戏是唱不起来的。

年终奖的发放技巧

一般公司到了年底都要发奖金。年终奖金的标准是谁来制定的？如果是老板来定标准，这个团队情况就很不妙，因为所有人都会骂老板："你为什么不多发一点？这么小气！"发了奖金还挨骂，老板简直得不偿失。

怎样解决这个问题呢？到年底，老板应把所有的干部都召集起来，说："我们还有一个月就要发年终奖金了，各位好好研究一下，我们要从优发放，不能亏待我们的员工。"具体的标准让干部去制定。等干部把研究结果报给老板的时候，老板说："不行，太少了，要多发一点。"员工知道后，就会了解奖金的发放是经过干部慎重研究过的，而且老板想尽量多发一些，不管实际上发到手的有多少，他们都更容易接受。

一般情况下，领导不要出面，要通过干部去行使职权。如果干部惹起民愤，领导需要出面安抚。但是要记住，好人难做，坏人则比较容易做，因为领导这个"好人"要保护一大群"坏人"。否则，干部"坏"一次，就被免职，久而久之，还有哪个干部愿意为领导出力？

在《三国演义》中，曹操就用过这个方法。

> 操军相拒月余，粮食将尽，致书于孙策，借得粮米十万斛，不敷支散。管粮官任峻部下仓官王垕入禀操曰："兵多

粮少，当如之何？"操曰："可将小斛散之，权且救一时之急。"垕曰："兵士倘怨，如何？"操曰："吾自有策。"垕依命，以小斛分散。操暗使人各寨探听，无不嗟怨，皆言丞相欺众。操乃密召王垕入曰："吾欲问汝借一物，以压众心，汝必勿吝。"垕曰："丞相欲用何物？"操曰："欲借汝头以示众耳。"垕大惊曰："某实无罪！"操曰："吾亦知汝无罪，但不杀汝，军必变矣。汝死后，汝妻子吾自养之，汝勿虑也。"垕再欲言时，操早呼刀斧手推出门外，一刀斩讫，悬头高竿，出榜晓示曰："王垕故行小斛，盗窃官粮，谨按军法。"于是众怨始解。

(见《三国演义》第十七回)

王垕可谓死得冤枉，谁让他遇人不淑。不过，在现实社会中，领导如此对待干部，迟早会自食其果。

《三国演义》中还有个曹操割发代首的故事。曹操去攻打张绣的时候，正逢麦熟之时，曹操下令："大小将校，凡过麦田，但有践踏者，并皆斩首。"老百姓听了，无不欢喜称颂。事有凑巧，曹操骑马过麦田的时候，马受惊疾驰，踏坏了一大片麦田。怎么办？曹操拿起刀来，说："吾自制法，吾自犯之，何以服众？"意思是说，我自己定的法律，没想到我自己却犯法，如果不按法令执行，如何服众？他手下的将领当然不会让他自裁，纷纷劝阻，曹操也只好"顺其民意"，割发代首。

曹操深知当老板的艺术，现代企业的老板应该适当学学曹操，遇到事情要先想着当好人而不是当坏人，这样会给干部留点儿空间。有的干部对我说："我们老板为什么动作那么快呢？我们还来不及出来挡，他就冲在前面了，我们有什么办法啊？"而当老板的也会抱怨："我的干部永远比我慢半拍。"如果真是这样的话，也是老板自己造成的。

半推半就是受权之术

领导在不得已的情况下才授权

我们认为，无所不知、什么都不管的人就叫好领导，即同时满足这两个条件的人才是好领导。什么都不管，最后什么都不知道，这种人完全被架空了，有名无实；什么都知道，什么都管，这种人只会将自己弄得疲惫不堪。

凡事都要了解的人就不可能授权，因为他一旦没有全盘了解，就无法做决策。当一个公司所有的干部都勇于负责的时候，说明这家公司已经遭遇危机，甚至面临倒闭。这才是中国人看得长远的地方，公司不能垮，谁都不必负责任。

我们害怕授权，因为授权容易导致消息闭塞，影响决策的质量。作为领导，你无所不知，就不会出什么差错，但你绝对不能什么事都管，否则你的干部就无法行使职权。因为他们的想法不可能跟你完全一样，如果你插手他们的事务，他们为了符合你的要求，维护你的权威，会拼命揣度你的意思，最后他们没有办法做事情。所以，你的职责就是把公司里大大小小的问题汇总，转给应该处理的部门，然后再搜集反馈意见，这样公司才能有条不紊地发展。

授权有很多不良后果。

首先，干部太厉害，就会蒙蔽领导。

干部要想蒙蔽领导实在太简单了，把你的耳朵蒙起来，把你的眼睛遮起来，让你没有一个耳目。然后你重用谁，大家都打小报告，非把他干掉不可，这就很严重了。为什么一些领导到最后会很凄惨？他们大都是被信任的干部干掉的，要不然怎么叫"干部"呢。

当领导当到什么都不知道的分儿上，你已经完全被架空了，人家就可以对你为所欲为。在刚开始时干部可能并不是为了蒙蔽你，也并不是为了中饱私囊，所以做得也很坦然，但是谋私利的现象很快就会出现。如此一来你还敢随便授权吗？虽然讲起来很好听，但那是对自己不负责任。

其次，领导被架空，还得负责任。

授权的另一个坏处是，干部把你的权力分割掉，你有名无实，出了事情还要负最后的责任。

领导是法定代理人。大家出了什么过错要由领导负全责。法院只追究领导,而不会追究别人。

再次,领导有责无权,非常不放心。

领导在把权力分配出去以后,一旦发生什么事故,虽然完全与自己无关,却还要承担最后的责任。这样一来,对于领导而言,授权后就会由有权无责变成有责无权。

总裁的"裁"是什么意思?"裁"就是裁决的意思,就是他可以做决定,用通俗的话来讲就叫拍板定案。一个组织只能有一个人拍板定案,其他人不可以,如果是大家都说了算,那天下就要大乱了。

当然,某些事情也可以先斩后奏,但一定要奏,就是要让领导感觉到权力的存在。虽说"将在外,君命有所不受",但是将军天天要派人向朝廷报告打仗的状况,绝不能说今天我领兵出去,从此皇帝你就不要管我了。这样的将军迟早会被怀疑谋反而被杀头。

授权的坏处就在于受权的人刚开始还规规矩矩,但是经过一段时间以后,会经不起诱惑与威胁,最后滥用职权。

当然,授权也有好处。

首先,凡事请示既浪费时间,还会养成员工不负责任的坏习惯。

我们做工作是责任,不是权力。凡事都请示,只能说明这个人一点责任感都没有。员工完全听从领导的指示被动工作,只会使自己养成不负责任的坏习惯。

因此，在选人时一定要抓住重点。我们要的是负责任的人，而不是只会享受权力的人。

其次，授权后各人尽责，既提高工作效率又降低成本。

早在18世纪，亚当·斯密就在他所著的《国富论》中对分工给工作效率带来的提高做了精妙的描述。一根针如果由一个手工匠制作，可能需要数月，但是如果由一批相互分工的手工匠合作生产，可能只需要几分钟的时间。所以提高工作效率的途径之一就是要分工、授权、各尽其职。

再次，权责合一、责任分明。

在分配责任之后再进行授权，可以实现权责合一。每个人都安心于本职工作，在获得权力的同时，也能恪守职责。这样人人都会充分利用时间来完成自己的本职工作。

干部受权时也要表现出不得已

领导在授权之时，一定要选用合适的人选。一个人的忠诚度不仅看不见，而且还会改变。一个人本来很忠诚，突然间会变得不忠诚。其实所有的奸臣都是从忠臣变过来的，如果一个人额头上刻着"奸臣"两个字，他就没有变成奸臣的机会。往往是他一开始很忠诚，后来由于皇帝对他过于信任，他就慢慢变成了奸臣。

一个人值不值得你信赖，既不需要看面相，也不需要算生辰八字，那都是不可靠的；只有一件事情可以肯定——信任来自考验。

在进行授权时一定要提防，防人之心不可无，这就叫警觉性。

领导都是在不得已的情况下才授权的，因为他有很多顾虑，怕干部弄权、怕干部能力不够、怕干部……所以领导在授权时，心里通常是七上八下的。而干部在接受权力的时候也有艺术，绝不能喜形于色，也不能表现出非我莫属的样子。

让领导放心

往往职位越高的人，越是会避免把话讲得很清楚，否则就会把自己逼进死胡同。古代的皇帝说自己"君无戏言"，要么就是平日尽量少开口，要么就说得让大臣糊里糊涂，而一旦说要杀人，那就是真要杀人了。

我们的授权往往属于那种不明言的授权，干部一般不敢问领导：这件事情你到底授权到什么地步？那就是明摆着要夺领导的权。

尽管我们总是各说各话，心里却都很清楚彼此的真实意思。领导说这件事授权给你，此时你应该说"我会随时向您汇报的"，这样他就会很放心；假如领导说"我今天授权给你"，你说"我知道的，我会在权限范围里去运作"，他就开始对你不放心了。

干部也不愿意让领导看出他很想抓权。一个喜欢抓权的人迟早是要倒霉的。

领导喜欢做事情的人，不喜欢抓权的人，如果你让领导知道你很想得到授权，基本上他就不会授权给你。

西方人讲企图心，就是只要我有这个企图，上面就会授权给我。但我们中国人往往是，谁要授权我偏不会给谁，专门给那些不要的人。

中国人往往不会自告奋勇、一马当先，不会将很强的企图心露骨地表现出来。企图心隐含在人心里面，不应轻易暴露出来。这是一种文化，它既不是对错问题，也与奸诈没有关系。

如果要想得到权力，我们一般就要遵循以下三条原则。

原则一，你不要表示出来，而是要学会推。推辞你可能得到授权；一旦你表示出来，往往不会获得授权。

原则二，你不要与领导去抢夺权力。你是没有跟领导抢权的资格的。最好的办法就是把权力统统让给领导，这样他就会分一点权给你。你越不要权，他越会放心授权；你表现得越好，他对你就越信任。

原则三，这一点是最要紧的，即你要随时向领导汇报。这样他就会很放心地授权给你。

学会做功臣

干部受权后，要多向领导汇报，少向领导请示。干部要是凡事都向领导请示，领导就会很紧张，因为他觉得你这是想要把责任退还给他。领导认为，你向他请示是不怀好意的——我向你请示什么，你决定了，你负责，我就没事了。所以不要认为，有事请示领导，他就高兴了。

干部请示领导，实际上就是互相扯皮的过程。干部请示后，领导会含含糊糊地下个指示，然后两个人互相推诿：你请示领导，把责任推过去，他含糊其辞，又把责任推回来。其实两个人就是在推责任。

实际上，领导多用势，而很少用权，因为用权就要决定，决定就要负责。而且领导也很少想到用权，因为权是有限的，一用就完，而拿在手里不用就可以永远有权。

一些领导很会造势，你非听他的不可，但是最后事情却还是要由你来负责。真正有权的人并不会去用权，而是会把这个势造出来。

干部受权后，不但要汇报，而且要及时汇报。"及时"这两个字很重要，但很多人经常忽视这一问题。领导到你这儿来视察工作，你完全不当一回事，他心里会想：我到你这儿来是关心你，就是要你跟我汇报的，你却不把我当人看，那我还授权给你干吗？我这不是自讨苦吃吗？

上司交代下属一件新的工作，下属毫不推辞，马上接受，上司就会觉得这位下属的工作负荷太轻，下次要再把新的工作交付给他。如果下属还不推脱，上司会继续给他增加新的工作，造成"软土深掘"的情况，对下属十分不利。万一工作做得不好，还会遭人议论："什么事情都敢承担，也不想想自己有多少能耐？"在同事眼中，这样的下属不是马屁精，存心讨好上司，便是爱出风头，为了表现不顾一切，反正都不受欢迎。

稍微推辞一下，一方面表示自己并不是闲得没事做，专门等新差事；另一方面让上司明白自己不争功劳，以免增加上司的麻烦。然后利用这推辞的短暂时间，仔细想一想，这件新工作由自己来承担合适吗？会不会引起别人的不满，会不会处理得不妥当？会不会让上司觉得自己一直在等待这样的工作，有什么不良的居心？

若是认为有比自己更为合适的同事，便应该把新工作推给他；如果自己确实比较合适，便可以"当仁不让"，承接下来。不"当仁"，要礼让，免得做不好害了大家；苟"当仁"，便不让，再推下去就是不负责任，对不起大家。

对于那些大家不想承担的工作，只要稍微推辞一下，便可以接受，否则有"存心让上司难堪"的嫌疑，或者变成"抬高自己的身份"，那就更加不好。大家都希望承担的工作，应该多推辞几次，抱着"有人要做，我绝不争取；实在要我做，我才承接下来"的心态，以示君子坦荡荡，并无不良企图。

皆大欢喜是沟通之妙

中国人的沟通特点

在沟通方面，我们最重视圆满，也就是设法让每一个人都有面子。因为只要在沟通的时候，有人觉得没有面子，就会引起情绪上的反弹，制造很多问题，不但增加沟通的困难，还会产生难以预料的不良后果。

你一定要充分站在对方的立场讲话，才能有效果，这是欲擒故纵、以退为进的一种小技巧。

让一个人下不了台对你自己来说也是一种挫折，这是我始终坚持的理念。中华文化的精神就是两个字，"和"与"合"。一个人能达到"和合"的境界，是非常了不起的。"和合"并不意味着不负责任，得过且过，但是为了负责，制造很多问题、增加很多困难的话，也是得不偿失的。这样的人就像莽张飞，有勇无谋的人不适合当领导，贪生怕死的人更不必说。

沟通要求圆满，首先要考虑其妥当性，再考虑其真实性。真实固然重要，若不妥当，再真实也可能使人受到伤害。妥当与否，实在很难说，所以不明言常常是沟通的基础，只有站在不明言的立场来把话说清楚，才不至于一开口就伤人。

对不同阶层的人，采取不一样的申诉方式，是伦理的因素使然，而不是势利的表现。圆满很不容易达成，却值得大家用心追求！

中国人的沟通原则

中国人的沟通可以用三句话概括。

第一句，"我告诉你，你不要告诉别人。"

第二句,"你如果要告诉别人,就不要说是我说的。"

第三句,"如果你告诉别人是我说的,我一定说'我没说'。"

第一句话的含义是,我说的话,你相不相信,相信到什么程度,要不要对别人转述,转述到什么地步,都必须由你自己决定,不要赖在我的身上。我告诉你不要告诉别人,事实上并没有什么约束力,只是好意提醒你,最终还是由你自己做主。

第二句话的含义是,你如果决定要告诉别人,表示你已经充分明了、相信我所说的话,并且经过考虑,要告诉别人,这时候你所说的话,已经是你自己研判之后的资讯;而你所要告诉的对象,也是你自己审慎选择、决定的。一切都与我无关,所以不必再把我拉扯进去,说什么是我说的。

第三句话的含义是,如果你一定要告诉某人,却又指名是我说的,鉴于这个对象根本不是我选定的,要说哪些话,说到什么程度,也不是我所能控制的,因此我只有表态:我并没有说这些话,至少我不是这样说的,语气、用词都不相同。

沟通,必须自己负起责任,才能赢得大家的信赖。老是引述他人的话,自己不负责任,并不是良好的态度。我们所坚持的这三个沟通原则,不要从负面去扭曲它的本意,而应该从正面去理解它的真正用意。不引述自己不清楚的事情,说出来的话,自己负完全责任,不是很好吗?

中国人的沟通艺术

在与领导沟通时,你越"对",他越生气,因为他只认为自己是对的。干部可以在别人面前"对",但不能在领导面前"对",否则领导会感到没有面子。所以领导是,干部对骂干部,干部错也骂干部。

不会挨打的儿子

爸爸对儿子说:"这个星期六我们一起去看电影。"儿子问:"看什么片?"爸爸有些不高兴:"看什么片,还要挑吗?要去就去,不去拉倒。"

聪明的儿子应该这样回答爸爸:"好,我们一起看。"然后去问妈妈"看什么片",妈妈说:"看《小鬼当家》。"如果儿子看过了,也不要笨到直接说出来,而应该说:"好,我们一起去看,不过我功课很多,看完后,你们先睡觉,我还要做作业。"妈妈问:"你那么多作业,干吗去看电影?""爸爸说去,我们就要去。"

妈妈肯定会说:"你这孩子,我跟爸爸讲叫你不要去。"

这样的孩子怎么会挨打呢?

凡是经常挨骂的干部，其实都要自己检讨一下。领导的话永远是对的，你反对就是顶撞，盲从就是奴才。那应该怎么办？凡是领导说的，你就点头。过一段时间再来找领导说："现在有问题，怎么办？"一个聪明的干部从来不去改变领导，而是让领导自己改。他自己改了，会感谢你；你强迫他改，他会干掉你。

不同的沟通方式

方式一。

爸爸对儿子说："今天下午我们去散散步吧。"

儿子："不行，我没有空。"

爸爸很生气："你没有空，那我就有空了？！我陪你散步，你竟然还说没有空……"

方式二。

爸爸对儿子说："今天下午我们去散散步吧。"

儿子："好啊，等我把手头上的事忙完就陪你去。"

爸爸："那你还要忙多久？"

儿子："很快，还要四个小时就完了。"

爸爸："你那么忙，为什么还要陪我去？"

儿子："再忙也要陪爸爸。"

爸爸："傻孩子，工作要紧，散步随时可以去。"

这就是会沟通的人，要懂得如何应对。在企业中也常常遇到类似的事情，当你的上司让你做一件你不情愿做的事的时候，你该怎么办？在案例中，两个儿子同样是忙，同样是不想散步，但是两种做法的结果大不相同：第一种做法，爸爸肯定是生气地离开，心里责怪儿子不听话；第二种做法，爸爸虽然没达到目的，心里依旧很高兴，因为儿子很孝顺。道理是相通的，既推掉上司不合理的要求，又让上司感到你是个好员工，其实并不难。

在沟通方面，领导要注意。

第一，当干部的意见与你的意见相反时，他要是坚持，这个人就是死不认错，他要是见风转舵，这个人就非常可怕。当领导与干部发生矛盾时，要通过第三者解决，以避免双方发生争执。

第二，领导只能骂干部，不能骂员工。员工做错事，领导不要直接去批评员工，而是让干部出面，然后领导再去抚慰员工。这样做，好像在出卖干部，其实不是，因为这是三个人的分工。

在沟通方面，干部要注意。

第一，领导最不喜欢随便开口要承担责任的干部，他们比较喜欢发生事情能够真正承担责任的人，而不是用嘴说的人。干部如果讲承担责任这种话，常常使领导又好气又好笑，感到很为难。干部不要总说类似的话，真正碰到事情直接负责就好了。

第二，领导很讨厌干部越权。职位越低的人，越不在乎越权，因为他没有权。可是领导是很怕越权的，他宁可干部失职，也不愿他们越权。

第四章
员工是团队的基石

成为最受欢迎的员工

对任何一个团队而言,构成团队基石的员工都是非常重要的。团队所表现出来的组织力的高低,主要取决于领导者的领导能力,与此同时,员工的支持与配合也发挥着不可估量的作用。

不受欢迎的员工

不受欢迎的员工有三种。

第一种是"活死人",即明明活着却和死人一样,做什么事都不舍得花力气。这些人认为力气用了就没有了,所以平时走路慢吞吞的,说话轻声细语,更别说做事了。这种人缺乏主动性,推一下,动一下,不推就不动,对外界事物毫不关心,遇到事情总想推托,害怕承担责任,其最常用的口头禅就是"这不是我的事""这里没有我的事情,不用我操心"。而且这种人脑筋也不清楚，该做的事情不做，不该做的事却一直在做；该讲的话不会讲，不该讲的话却讲起来没完，浪费时间；不把力气用到适当的地方，而是用在那种无谓的地方；做错之后不知检讨，只会一天到晚找理由。

第二种人是害群之马，就是专门做坏事的人。"活死人"只是不做事，而害群之马则专门搞破坏：别人做得好好的，他们就去捣乱；人家做得正高兴，他们却故意刺激别人，弄得别人很生气。如果组织中有这样的人，整个团队都不得安宁。

凡是不专心工作、专门串门子的人，就是害群之马。别人本来要工作，结果他们来了，把别人的工作耽误了，然后讲些不实在的、没有用的事情，弄得别人心猿意马，什么事情都不想做。

害群之马不但不主动做事，就算勉强他们做事，他们也会事事出纰漏，可能是有心，也可能是无意。比如搬桌子搬到一半把玻璃打破了，或者去送一份文件，却在半路上把文件给弄丢了……

不但该做的事不做，还专门喜欢管人家的闲事。他们不热心还好一点，一热心大家真是怕他们了，虽然他们心里并没有捣乱的意思，但是由于能力不够、见识不广、经验不足，结果越管越乱。

第三种人就是吸血鬼型。这种人一方面躲在公司里专门"吸血"，想方设法地占公司的便宜，比如把公司的办公用品偷偷带回家，或者把公司的产品拿去送人，更严重的则是把公司的机密拿去牟利，给公司造成极其严重的损失；另一方面他们整天都在设法寻找公司的毛病，有事就上告，没事也找碴，凡事都恶意批评，似乎不整垮公司就不甘心。

最受欢迎的员工

最受欢迎的员工也有三种类型。

第一种是积极参与型。他们的最大特征就是积极主动，对工作积极争取。对于企业的发展，他们会积极地提出自己的建议，看到不妥当的地方，也会直接说出来。虽然有时因经验有限，他们的意见不被采纳，他们也会认为没关系，这次没有用，说不定下次就可以用得上。因此，在团队讨论和制定目标的时候，还会积极参与、主动发言，表现出良好的工作态度。

他们还会配合公司的要求，不断地学习，不断地接受培训。对于公司安排的培训活动，他们从不想方设法进行推托或者敷衍了事，而是消化理解培训的内容，并结合实际工作提出建议，努力提高自己的水平。

当企业的需求或上司的看法与他们的想法有矛盾时，他们会尽量使自己和任务实现妥善的配合，采用自我激励，而不是抱怨和指责，因为抱怨和指责是解决不了任何问题的。

第二种是成长型。这类人的特征之一是不断地充实自己，对每次工作都能够检讨得失、总结经验，并且把宝贵的经验变成具体的建议。为什么有的人永远在基层，有的人却能不断高升？其中一个区别就在于这个人是否能不断成长。成长型的人不但善于自己总结经验，还乐于与同事分享经验，追求团队成员共同成长。

第三种是贴心型。如果一个基层员工能使上司觉得很贴心，那么迟早会得到提升。这类人最明显的特征是尽心尽力地做好本职工作，能替上司分忧解愁，是组织坚实持久的依靠。他们一心一意为公司着想，把同事看成自己的家人，全心投入无怨无悔。

努力成为好员工

将公司的目标当成自己的目标

在每家公司里，都有一些员工对公司的归属感比较淡薄，而比较常见的一种状态是依附感，即临时投靠一下，如果形势发生变化随时准备走人，而且其立场也经常改变。

其实，基层员工应该培养起对公司的归属感，因为公司就像一条船，员工必须和公司同舟共济，共同进退。一旦你选择了一家公司，你就和公司的利益联系到了一起。公司获利高，你才能得到更多的回报；如果公司破产，你也会失业。既然我们选择了某个公司，就要本着同舟共济的原则，把公司的目标当作自己的目标，认真做好自己的本职工作。

做到这一点对某些人来讲是相当困难的，但是你一定要好好去学，努力做到。如果你认为公司是公司、你是你，那你就没什么前途了。

不断提高自身的知识水平

现代社会非常重视生产力，一个没有生产力的人是不受企业欢迎的。企业要生产，要创造利润，这是最直接的具体目标，因此企业要求员工必须具备一定的生产力，并且越高越好，这样才能降低成本，增加利润。基层员工要通过学习、培训等方法提高自身的知识水平，注意不断提高自身的生产力。

不但努力而且全力以赴

一个人做事不仅要努力，而且要用心。只有用心才能把事情做好，不然就会像一些假和尚，手里敲着木鱼，嘴里在念经，心却不知道跑到哪里去了。这样的和尚只能说他努力了，但是他没有用心，所以才会有"做一天和尚撞一天钟"的俗语。

基层员工把公司目标当成自己的目标已经是一件不容易的事，还要不断地发展自己，提升自己的知识水平来把工作做好，就更加困难，但最大的困难还是专心致志地做事，全力以赴。在日常生活中，90%的人都没有做到全力以赴。基层员工只有战胜这一挑战，才能真正成为优秀的、有前途的员工。

员工之间的相处

没有你我之分

企业的高层主管必须要有你我之分，因为他们代表企业，要与其他企业竞争；而企业内部同事之间如果也有分歧，那只会导致企业的分裂。作为一名基层员工，不要与同事分彼此，部门之间也不必分得太清楚。

基层员工要信守一个原则，那就是能做的不妨多担待一点，不要过于计较。这样的观念对公司和个人都是有利的，但是先决条件是先把自己的工作做好。当其他部门需要支援或者你的上司派你去支援时，你不要推辞，因为你现在支援他，下一次他就会支援你。一个人只要有时间、有体力，多做事是不会错的，多做事就可以多得到经验，不经一事不长一智，袖手旁观到头来损失最大的还是自己。

与人分享经验、知识、成果

分享是一种高尚的品德，而中国人也是最会分享的。中国人的邻里之间一般都会贯彻分享的原则。你家里杀了一头猪，给左右邻居都分一点，这样下次有人杀了一只鸡，也会分你一点。

分享是很好的修养，是乐趣的源泉。通过分享能够拉近人们之间的距离，推动大家互相帮助，共同进步。一个不知道分享的人，是没有什么乐趣的。

我们都熟悉一个惯例，那就是一个人如果拿到奖金一般都要请客，这个惯例虽然有其争议之处，却是一个很好的分享的例子。因为一个人取得成功，拿到奖金，必然少不了大家的帮忙，所以把奖金的一部分拿出来请大家就可皆大欢喜。不然人们就会觉得你这个人太过吝啬，以后也就不愿意再帮你的忙。

大家相处就是有缘，要彼此照顾，而不要害来害去，这是基层员工应有的观念，因为你不知道哪一天也会需要别人的帮忙。

相互帮助、相互依存

正所谓旁观者清，站在旁观者的角度往往能看清楚其他部门存在的问题。比如营销部门的员工最清楚生产部门的问题，因为营销人员直接面对客户，知道客户的需求，能听到客户对产品的反馈意见，也就知道产品存在什么问题。营销部门应该把问题反馈给生产部门，以帮助生产部门改进生产。

但是，在进行反馈交流的时候也必须注意时机和技巧，以免弄巧成拙，引起部门之间的矛盾。在部门之间具体进行交流时要注意以下几个原则。

第一，不能当着领导的面指出对方的缺点。

每个人潜意识里都是好面子的。如果你当着领导的面指出对方的缺点，他会认为你是在故意打压他，他不但不会领情，还可能恼羞成怒，拒绝承认错误，甚至撕破脸指责你的不是，因此最好采取私下沟通的方式。

第二，在提建议时要有诚意。

只有你先表现出诚意，让对方感觉到你是真心实意地为他着想，他才会消除内心的戒备和抗拒，接受你的建议。人不是机器，都会受到情绪的影响，受到诚意的感动，我们要善于利用诚意这把"利器"。

第三，掌握一定的沟通技巧。

相同的意思用不同的方式表达出来，取得的效果可能会完全不一样，因此不仅领导要掌握沟通技巧，基层员工也有必要学习一些沟通技巧。

对于其他人的缺点，你如果是在公开场合说出来，他一般不会接受。只有站在他的立场上去说话，他才能接受；你若跟他对立，他就会拒绝你，而且只要有一句话对方听不进去，你讲得再对也没有用。

基层主管要善待员工

基层主管是一个组织成败的基础。一旦基层团队不稳固，就等于高楼大厦的地基有问题，高层人士当然不放心，也不会安心。中国式团队管理非常重视基层员工，因为只有对大家真诚关怀，给予相当的尊重，使组织中各个阶层因基础稳固牢靠而获得安宁，才能使企业上下同心协力，实现目标。

第四章 员工是团队的基石

管好员工是其重要职责

基层员工的表现取决于基层主管

基层员工好不好，要看基层主管如何。基层主管并不仅仅是一个部门的管理者，实际上也是整个部门行动的协调者。一般来讲，基层主管应该是全力支持公司政策的人，是基层员工的直接榜样。

基层主管与中层主管不同，从管理上说，中层主管属于管理者阶层，而基层主管更多地应该属于被管理者的阶层。中层主管可以有自己的意见，基层主管如果有意见的话非常危险：第一，他学识不足；第二，他判断力不够；第三，他没有时间去考虑管理方面的事。如果一个组织的基层主管把公司决策研究来研究去，公司的效率一定很差。研讨政策是中高层主管的工作，中高层主管一定要根据基层员工的实际状况对公司的政策做合理的调整。基层主管应该按照公司的规定，争分夺秒地工作，而且要以身作则，让其所带领的员工看到自己是如何配合公司政策的。有些基层主管，自恃手下有几个"兵"，就认为自己有资格跟领导讨价还价，这是非常错误的。

在很多公司，基层员工的意见太多，基层主管带头去找领导反映，这是不正常的现象。基层主管和中高层主管的分工不同，工作重心也不同。如果哪家公司的中高层主管从早忙到晚，这家公司也就没有什么前途了。中高层主管要花时间进行分析、研究、调整、改善、沟通、协调，这是他们的职责。他们总要开会，总要找其他的组织去协调，总要去看看基层员工有什么状况需要去反映，所以中高层主管最重要的能力是应变能力。基层主管、基层员工可以一天忙到晚，因为他们的工作内容、进度都是计划好的，具有可行性。

对普通的基层员工来说，基层主管是与他们距离最近、接触最多的管理人员，基层主管的表现如何，直接影响到普通员工对企业的看法。

基层主管依员工的习惯进行管理

基层主管如何把员工团结起来，是一件很重要的事情。在对员工的管理方面，基层主管应该注意以下几点。

第一，认清现代年轻人的习性，并尊重其意愿。

基层的员工一般以年轻人居多，但是现在的年轻人和20年前的年轻人大不一样。时代变了，观念也在变，基层主管不能再用以前的那套管理办法来管理现在的年轻人。

比如，有的基层主管喜欢一开口就说"以前我们怎么样，以前我们吃了多少苦"等，可是年轻员工对这些话根本就不以为意，他们会认为这些都是废话，没有任何意义。

基层主管应该先了解现在年轻人的习性，尊重他们的意愿，通过协商使他们听从指挥、服从管理，这样你才有办法去领导他们——一味地沿用以前的那一套是没有用的。如果员工犯错误，基层主管不是苦口婆心地进行说教，就是动用硬性规定进行处罚，这样做的效果都不大。

第二，不要企图去改变员工，要让员工自己改变。

天底下没有任何一个人能够改变他人，除非他自己愿意改变。基层主管不能通过强迫手段来改变员工，而应该通过教育、劝导、说服等途径让员工认识到不足，使他们自己产生想要改变的愿望，并且付诸行动。人都会受感情的影响，基层主管在管理员工的时候，也应当根据员工的个性采取相应的措施，以关怀为导向，巧妙地让员工乐意接受指令。

比如，一个员工常常迟到，基层主管不应责令他每天晚上10点以前睡觉，这样做没用，因为主管不可能每天晚上守着员工，看着他执行命令。有效的做法是，引用医学资料和实例让他明白：晚睡晚起不利于健康，因为晚上11点到凌晨2点是一个人新陈代谢最快的时候，这时候只有好好睡眠才能有效恢复体力；如果长期12点以后睡觉，人到中年之后就容易得各种疾病。通过教育让年轻人认识到晚睡是在损害健康，让他们自觉地去改掉这个坏习惯。一位优秀的基层主管必然会得到员工的信赖、尊敬和爱戴，能和员工打成一片，做员工的知心人。

以前，基层主管或许还能用规定的、强制的手段来进行管理，但是现在军事化的管理已经行不通了。基层主管只能用信任、鼓励、诚实的态度来对待员工，以理服人，以情管人。

信任、鼓励、诚实是基层主管管理员工的三大法宝。

- 基层主管如果能得到员工的信任，在沟通的时候就会大大增强说服力，并且在执行命令时也会顺利得多。
- 很多时候，鼓励比责骂更能激励员工，善用鼓励会让员工觉得基层主管亲切和善，尤其是在员工取得进步时，及时的鼓励能让员工产生更进一步的动力。
- 基层主管如果能对员工坦诚相待，员工受到感动就会产生知恩图报的想法，帮助基层主管及时了解基层的基本情况，支持基层主管的各项工作。

第三，凡事先听取员工意见。

作为基层主管，应该善于听取员工的意见，鼓励员工多提意见，而不能独断专行。听取员工的意见，一方面是表示对员工的尊重，给员工参与管理的权力；另一方面也是集思广益，广大基层员工对工作有最切实的体会，他们的意见具有重要的参考价值。

第四，先礼后兵，由情到理。

基层管理是一项艰苦的工作，因为基层人多，意见多，困难多，相应的各种抱怨也多。基层主管在礼待员工的基础上，关键时刻也必须采取一些强硬措施，也就是先礼后兵，由情到理。

此外，任何一个企业都会有几个"硬骨头""害群之马"，基层主管应当抓住适当的时机，对"害群之马"进行严惩，杀鸡儆猴，在员工中树立威信。

如果基层主管一直都是老好人，有的员工就会肆无忌惮、恣意妄为。一位优秀的基层主管应该刚柔并济,平时对员工关怀备至,在原则问题上立场坚定,在关键时刻则敢作敢当。员工对这样的基层主管既尊敬又畏惧,就会"乖乖地听话"。

积累经验是其主要任务

把宝贵的经验积累起来,这是个大难题。很多人一天忙到晚,却没有这种观念,这是非常可惜的。所谓"一回生,两回熟",操作得越多,就会越了解机器的状况,知道如何才能操作得又快又好,这些要靠工作经验的积累。靠谁来积累?靠员工自己去积累是不现实的,一个是因为能力的问题,另一个就是觉悟的问题。有些员工想积累,但是碍于专业技能、总结能力等不够完善,工作分析、工作说明,说起来容易做起来难。因此他会感到力不从心。而对于另外一些员工,如果你对他说"你做这项工作做得很好,现在把你的心得写下来",他就会想:你把这些心得拿走以后,我就没有价值了,没有价值就不会受重视。所以,他要么乱写,要么故意写错,最后你得到的都是没什么用处的心得。

在中国的团队中,能够完成这种任务的只有基层主管。领导应该暗地里嘱咐基层主管:"凡是员工们的宝贵经验,你都要用旁敲侧击的方法套出来,然后悄悄地整理好。"直接问出来的经验可能是假的,套出来的经验一定是真的。基层主管问一个员工:"哎呀!你怎么做得那么快?不可能。"员工就会说:"怎么不可能？稍微改动一下不就快了吗？"得到这些经验后，基层主管不要当着员工的面记录，否则下次员工就不会告诉你了。记录完以后还要求证。有这样一个完整的过程，就能把所有宝贵的经验都累积起来了，然后传承下去，这样才能够不断地改善，不断地进步。

团队领导要尊重员工

所有的员工都是把他们最宝贵的青春奉献给公司了，就冲着这一点，领导就应该感谢他们，就应该好好照顾他们、尊重他们。

尊重员工，信任干部

对于员工，领导要充分地信任他们，放手让他们去做，但是要给他们无形的控制。

西方人很容易接受有形的控制，中国人是不愿接受有形的控制的，认为有形的控制就是不信任。

有一次，我去某公司讲课，人力资源部的经理开车接我，到了公司门口，门卫要求把后备箱打开检查。送我出来时，门卫也要求打开后备箱检查，这样做，使那个人力资源部经理感到没有尊严。他对我说，这是公司的规定，但是他觉得很冤枉、很委屈、很没有面子。

我到过很多公司，碰到的基本是两种状况，一种是纯美国式的，要戴上胸卡才能进公司，我就不习惯戴。

有一次，我到一家公司讲课，门卫拦住我问："你是谁？"

我说："不知道。"

他又问："你找谁？"

我说："谁也不找。"

他接着问："那你来干吗？"

我说："你问谁呀？是你们请我来的，还问我？"

"……"

另一种情况则不同，接待人员很高明，他对我说："老师您坐，我去办登记。"然后把胸卡拿过来，说："您不用戴它，公司这种规定，针对一般人可以，怎么可以针对您。"碰到这种情况，我反而不好意思拒绝戴胸卡。

这两个例子说明，你会不会对待别人，将得到截然不同的效果。你能使别人心悦诚服地配合你，就很高明；相反，你的言行使别人不高兴，那吃亏的还是你。

很多事情，虽然最后结果是一样的，但是过程不同，人的感受也就不一样。会待人的领导，会让员工感到被尊重，感到喜悦，感到完全没有压力。而不会待人的领导，只会让员工心生怨恨，消极怠工。

就拿打卡之事来说，这种管理手段只适用于蓝领阶层，不适用于白领阶层。当然职业并不分贵贱，这不是对蓝领阶层的歧视，只是因为蓝领阶层必须同时开工，才不会影响工作。例如，在同一条生产线上，有的人来得早，有的人来得晚，就会影响整个生产进度，所以应该严格要求他们遵守工作时间。但是白领阶层不一样，有时候他们在外面忙，半天不回来也没有关系。

有一家公司规定，不管是蓝领还是白领，上下班一定要打卡，不然就算旷工。结果，这家公司的很多维护工程师出去见客户时，刚工作到一半就得返回公司，因为要打卡，造成很多半途而废的工程。这对公司造成的损失要比员工不打卡的损失大多了。

公司要充分地尊重员工，必须要站在他们的立场，替他们想一想，如果用制度来控制他们，他们会有什么想法。对不同的人有不同的管理方法，方法得当，员工才会卖力工作，否则，员工敷衍了，受损失的还是公司。比如采购人员，用不用心会有很大的差别。不用心的采购人员要采购材料时，一般先查电话号码，然后打个电话，就完成了。至于买来的东西能不能用，他就不管了。真正认真的采购人员要到生产单位去考察，看看他们的业务往来状况、实际生产的情形、进料的状况、员工的士气等,才能确定这家公司可不可靠,要不要买他们的产品。

一家公司,从上到下,大家都是人,只要是人,就有人性,人性是什么?人性就是自主。如果你管得太严,让干部一点自作主张的权力都没有,他们就会应付,觉得反正也没有什么责任。

职位越高的人,越希望让人家感觉到他有权做决定。如果总经理做的决定,副总不知道,后果会如何?副总会感到没有面子,被忽视,那他肯定会搞小动作,破坏决定的执行。所以,领导做决定之前,就要叫秘书去跟相应的干部沟通,让干部来做决定,领导不出面。这样,干部觉得很有面子,他会再三斟酌调整,再把意见反馈给领导,因为是由他来做决定,出了问题他要负责任,他不得不谨慎。

这样,领导虽然没有出面,然而他的意见也会被很好地贯彻。通过干部做决定,把功劳让给干部,也会获得干部的尊重,领导一点损失也没有。如果你一定要把所有权力都抓在自己的手里,那你永远是一个平凡的人。

人的一生就像爬山一样,在你上山之前,得把这辈子要吃的东西、要用的东西都准备好。但是到了半山腰,就应该把不要的东西都丢掉,这样后半辈子才会进步。如果把什么东西都一直背着,没到山顶就会累死了。一个人做到经理阶层就应丢东西,而不是抢东西,越懂得丢的人,将来爬得越高。而基层员工不得不增加东西,因为他们还有很长的人生之路要走。

善待员工，义利兼顾

领导者要善待亲信的员工，即使再忙，也要关心他们及其家人。会当领导的人，要把人事管理、人事业务延伸到员工的家庭里面去，这样团队的组织力才会增强。比如某员工的儿子考上大学，其所在公司的老板买了一块表，送给员工的儿子。这块表就会产生很大的影响：首先，这个员工会深感领导的厚待，以后努力工作；其次，员工的家人也会心怀感激，全力支持他的工作。对重要的干部，要把他全家人的心都吸引到公司里来。

不要忘了，每个员工的身后都有一个家，所以不要轻易拖延发工资的时间，这样会影响员工一家的生活。不仅如此，奖金也会对员工的家人产生很大影响。员工领到奖金后，无论是多是少，都会引起员工家人的强烈反应。

我们常说："我没有功劳，也有苦劳，如果你不认可我的功劳，也不承认我的苦劳，那我就觉得很疲劳。"这是大多数人的心理。为了顺应这种心理，我们要把考核分成明暗两种，明的考核苦劳，暗的考核功劳。具体做法是，明的每个人发1000元奖金，这样员工回到家里也好交代，维护了他的自尊心；但是暗地里会再发给比较优秀的员工10000元的奖金，没拿到的人知道后，就会暗下决心，争取明年拿到这笔奖金，这是非常好的激励。明的照顾员工的面子，暗的刺激员工努力工作。等到第二年上次没拿到奖金的人拿到高额奖励后，就可以在家人面前扬眉吐气了。

明的都一样，暗的差很多，这就是暗盘。其实除了考核之外，领导还可以多搞一些暗盘，通过暗盘慢慢调整团队，自然能带出一个组织力高的团队来。

恰当的奖励

有一个老板，在激励员工方面可谓高人一筹。有一次他把李科长叫来，说："李科长，我从现在开始不再叫你李科长了，我要叫你弟弟。我虽然有亲弟弟，但是我那个弟弟算什么弟弟？！完全帮不上忙，还整天给我出纰漏。你比我弟弟还好，能帮我很大的忙。"这样一来，李科长的心都被这位老板收买了。不只如此，老板开了一张20万元的支票，递给李科长："你现在是我弟弟，你的儿子就是我的侄儿，这20万元是送给我侄儿的……"这位老板的用意是什么呢？就是告诉李科长：你今年表现很好，所以你是我弟弟，你该拿20万元的奖励；明年你如果表现得不好，就不是我弟弟，也就没有20万元的奖励了。

给员工发奖金需要一定的技巧，否则，你今年给他20万元，他就开始期待每年都得到20万。你不给就不给，一旦给就要连续给，这对老板来说是最大的负担。

我们会把平常的和特别的区分得很清楚，但是又不能明说，否则对方会很没面子。如果你说"李科长，你今年表现很好，所以我给你20万元奖金，但是丑话说在前面，你明年如果表现不好的话，这20万元奖金就没有了"，那李科长的反应肯定是："算了，这20万元奖金你收回去，我不要了。"过一段时间，李科长就可能辞职不干了，因为他认为老板不尊重他。

这就是中国人的人情世故，领导者必须把人情世故、中国人的生活习惯融入所管理的团队，这样带出来的团队才不会出大纰漏，否则是非常危险的。有的公司崛起与衰落都很快，其原因是团队不扎实，成员不可靠，机会来时就赚钱，机会走时就亏损。机会不是常有的，风水轮流转，你不可能时时刻刻都走运，必须依靠稳定高效的团队，才能立于不败之地。

亲近干部，了解员工

领导平常要跟下属多接触，多关心他们，调动他们的工作热情，使下属对公司的发展热心。现在有些员工普遍不热心，他们对公司很冷淡，当一天和尚撞一天钟，好像公司的发展与他们毫无关系；反而是领导很热心，豪情万丈的。这就好比一个人，头脑很热而手脚冰冷，那这个人绝不是健康的。

多和员工接触，以便了解他们

为了杜绝"头脑热而手脚冷"这种不良现象，我建议领导在衣食住行等方面不要跟员工、干部有太大的分别。

有一个企业老板，我很佩服他。他去银行时，开一部很名贵的车；去跟厂商谈业务时，开一部破车。他说："如果我开破车去银行，银行不会借我钱，开名车去银行就很放心；如果我开好车去谈业务，对方一定会杀价的，开破车去对方就会可怜我，少杀价。"

当一个领导在员工面前表现得高人一等时，员工就会感到努力工作不值得。我常常问一些领导："你到外面吃饭，进了餐馆，一眼看到公司的员工正在吃饭，你会怎么办？是装作没看到，是逃之夭夭，还是自认倒霉，为他们付账？"按照我们的规矩，领导碰到员工吃饭是应该替他们付钱的。此时最不应该的做法是，发现情况不妙，转身就走，这会给员工留下很强的负面印象，员工会想："至于吗？不就是几个饭钱，我又没打算要你付钱。"领导要清楚，有些事情你不能逃避，而要当作求之不得的机会，大大方方地替员工付账，员工会打心眼里感谢你，并不是为你的钱，而是为你的行为。

碰到不认识的员工也要沉住气

有一位领导乘火车出差，在车上，他碰到一个年轻人和他打招呼，这位领导就跟他握手并寒暄起来："请问你在哪里高就？"

年轻人一愣，说："我就在你的公司里工作呀。"这种情况有多尴尬，可想而知。老实讲，公司发展壮大以后，领导不可能认识自己的全部员工，但是员工会认识领导，会了解领导。当他们和你打招呼而你又不认识他们的时候，最好的办法是以静制动，以确定他们的身份。

可以轻描淡写地套取对方的信息，尽可能不直接询问对方的身份，因为对方如果是个大名鼎鼎的人，你直接问他是谁，他会很生气。如果碰到不认识的人怎么办？很简单，如果你碰到不认识的人，就问旁边的人："那个人是谁？"旁边如果有认识他的人，一般都会告诉你："那是某某，你不认识吗？"这时你千万不要承认，而要故作惊奇地说："怎么会不认识呢？但他以前没有这么胖啊，他这一胖，我都认不出了。"旁边的人听了以后，还以为你和那位某某是老交情呢，从他瘦的时候就认识他。这是一个技巧，问东问西或直截了当地去问都是很莽撞的，说不定会得罪对方。

一句话的代价有多大

台湾地区寸土寸金，建大型建筑的机会很少。有一家公司，想投资 1 亿元盖一栋办公大楼。消息传出以后，各个建筑公司蜂拥而至，纷纷替它做规划，提供免费咨询。总裁觉得很高兴，他选了一家建筑公司，想当面详谈细节，并表示要亲自到这家建筑公司去，顺便了解一下该公司的实力。那家建筑公司非常高兴，这表示他们有很大机会获得此项目，因此做好了万全的准备。

可是，世事难料，正所谓无巧不成书。约会当日，这家公司总裁的司机请假，于是总裁自己开车前往，本来他们一行六人，这位总裁因离得最近到得最早。到了之后，他就在会议室里等候。建筑公司负责接待的人跟他讲了一句话："哎呀，你到得这么早，要不要等你们总裁来了之后再开始？"听了这句话，总裁越想越不对：难道我不像总裁吗？于是，他就回去了，双方的合作也告吹了。

在上面的案例中，建筑公司的人不管对方是不是总裁，都可以说："啊，总裁您来得真早啊！"对方是总裁，他会很高兴，因为别人一眼就能认出他来；对方不是总裁，也会很高兴，因为别人把他当成总裁看待，他甚至会反过来帮助建筑公司拿下这个项目。而建筑公司的人只是喊一句"总裁"，又不花一毛钱，何乐而不为呢？

我也遇到过类似的事。当时我在一所大学里当教务主任，有一个人想来求职，要见教务主任。那天我碰巧站在门口，他就问我："请问教务主任在哪里？"我心里嘀咕："我哪里不像教务主任了？"于是，反复打量自己，越看越觉得自己不像教务主任，最后只得说："教务主任今天不在。"

如果你碰到这样的事，千万不要像他那样莽撞。如果你去找教务主任，看见有个人站在那里，别管他是教工还是教授，都直接对他说："校长，您好！我想找教务主任，请问您知道他在哪吗？"对方一听你喊他校长，肯定会很开心："怎么会把我当成校长呢？气场好像是有点像。"然后他就会很客气地陪你去见教务主任。这样做，你的目的也就达到了。喊他一声校长，你又没损失什么。

教导员工，塑造员工

理想和现实之间总会有差距，当领导者发现公司的现状与自己的期望有差距时，就要自己调整。当你自己的观念调整过来了，就会发现整个事态都改变了；你的观念不改，就改变不了任何人。要改变你的干部，要改变你的员工，唯一的方法就是先改变你自己。如何改变？有三个重点。

第一，只做你应该做的事情，你并没有施恩，所以千万不要图报。领导有义务照顾员工，对员工好也是应该的。

第二，既然当领导，就要教会员工一些东西，不要误人子弟。对员工放任不管是不对的，要把他们塑造成公司需要的人。

第三，在教导员工的时候，要顾全员工的面子。要让员工听你的话，最好的办法就是让他感觉到你看得起他。有很多人拼命工作，就是因为老板重视他，这种激励效果是很强的。

教导员工要像教育小孩子一样，千万不要伤害到他们的自尊心。对待一个贪玩的孩子，可以这样教育他：你是很聪明的，只是有些贪玩，但天底下没有一个贪玩的人是有成就的。你看看你太爷爷（千万不要说你看看你爸爸我，因为太爷爷对小孩子来说是一个比较模糊的概念），他从小就用功，不然他不可能有这样的成就。

中国人教育小孩最好的方法，就是用已经去世的祖宗来教育，这是很有效的。在古时候，会当爸爸的人一看小孩不成器，不会骂孩子，而是自己跪在祖宗牌位前面向祖宗赔罪。这样做，对小孩子是很有威慑力的。

如何挑选合适的员工

选择有义气的员工

一个团队不管规模大小，基层员工才是团队的基础。作为团队领导者，你最看重自己的基层员工哪方面的素质？如果你觉得能力最重要，那你的团队是非常危险的。因为一个有能力而没有义气的团队是非常可怕的，"水能载舟，亦能覆舟"，这种团队既可以帮你完成大业，也可以使你一无所有。

有义气的主管

某家企业要赶工,第二天必须交货,可是一部分工人晚上还要上夜校读书。如果你是他们的主管,你会怎么处理?不外乎两种做法。

第一种做法,叫他们不要去上课,工作要紧。但是,很多人就会有怨言:"我交了学费,就要学习,你凭什么不让我上课?"

第二种做法,你对工人们说:"你们都去上课吧,工作的事不用管。"这样做,你就不是个称职的主管,明天如果无法交货,就是你的责任。

那家企业的生产主管很聪明,他说:"你们先去上课,因为你们都处在学习的阶段,学习是很重要的,工作的事情我来想办法……"听他这么一说,工人们纷纷表态:"我们先去上课,下课后我们回来加班,干到天亮,也要赶出来。"

这是什么?这不是制度,也不是手段,更不是规矩,这是讲义气的表现。

一个团队有没有生产力,有没有高效率,关键看它的成员之间有没有义气。案例中的工人们去上课是他们的权利,他们并没有错，但是真的放下工作不管的话，公司就会蒙受巨大的损失。

在中国人的团队中，义气是非常重要的，所谓义气，就是"路见不平，拔刀相助"。义气就是让员工心甘情愿地跟你同坐一条船。如果员工认为，企业的兴衰是老板的事，和他们无关，不要勉强他们做额外的工作，这样企业就很危险，因为很多时候，如果不加班加点的话，企业就会有损失。在平时，领导要充分地关心员工，领导与员工建立一种情谊后，员工才会跟领导讲义气，否则就是公事公办，根本不能解决问题。现在企业强调制度化，我并不反对制度化，但是制度之外还有很多可做之事。

关怀备至的总经理

有一家小公司，每当上级部门需要什么材料的时候，都会让它在最不适当的时间提供，因为适当的时间上级部门要留给自己。比如说第二年的预算，每次都是财务人员在新年放假的时候完成的。如果财务人员坚决不做，公司的总经理也没办法，因为过年放假是财务人员的权利。总经理每次都跟做预算的人讲："我实在不忍心让你过年时还不能跟家人团圆，但是工作又非做不可，你说怎么办？"总经理让财务人员先提意见，这是一种策略，不然总经理先把自己的意见说出来，财务人员一定会反驳。让他先提意见，他一般会说："没有办法，只好做了。"总经理马上说："不可以这样，你在这里做预算，你的家人到这里来吃团圆饭，我负责。照理说，我应该全家来陪你们全家才对。"财务人员连忙推辞，总经理说："我无法分担你的工作，最起码要让你们全家吃上团圆饭……"财务人员无话可说，只好心甘情愿地加班。

制度是针对一般状况而制定的，没有考虑到任何特殊的情况，所以，身为领导者，必须要设身处地为员工着想，以弥补制度之不足。只有让员工感动，他们才会有义气。基层员工如果认为自己完全照章办事就是对的，这个团队就危险了。现在有一种错误的观念，认为基层员工只要遵守规定就好了，千万别提什么意见与建议，这样的团队往往经不起考验。

选择守规矩的员工

要想让员工对公司有义气，就要让他们感觉到领导很关心他们，领导设身处地替他们着想，他们自然就会替公司着想。但是，只要求他们讲义气，那跟土匪强盗没什么区别，土匪强盗也是非常讲义气的，团队跟土匪强盗的区别在于守不守规矩。既要讲义气，又要守规矩，两者并不矛盾。

当我们要招聘员工的时候，首先要考察他们守不守规矩。考察的办法很简单,当一个人来应聘的时候,故意让他做点事,看他有什么反应。很多人觉得,我是来应聘的,又不是你员工,你凭什么叫我做这做那?这种人将来是很难守规矩的。

我认为,员工的甄选是第一道门槛,必须严格,如果在甄选的时候放松,以后再对员工提出高要求,他也做不到。我们选择的员工,基本上要务实,很守规矩,会主动地去了解所处的环境,并能主动适应环境,而不是天天发牢骚,嫌这嫌那,这种人你要他做什么?

我并不是反对基层员工有意见。员工若没有意见,就表示大家一条心;有意见就提,表示沟通渠道很畅通;如果有意见不提,那这个团队就糟糕了。领导有方,事先沟通好,大家都没有意见,这是上策。员工有意见,通过正规的途径,客观地提出建议,不做无谓的批评,这是中策。如果员工有意见却不敢说,就表示领导很专制,很霸道,大家不敢有意见,表面上是百分之百的统一战线,这是下策。

招聘基层员工时,一定要把自己的需要先列出来,按照需要来选择,第一关一定要把好,保证招进来的员工就是最合适的人。一般来讲,大公司资本雄厚,有机会去挑选员工,而有的公司庙太小,请不到大佛,怎么办?那很简单,只能你自己培养,优秀的员工是你培养出来的,优秀的干部也是你培养出来的,不是人家培养好之后送给你的。要培养员工,就要好好去对待他,这是基层主管应该注意的事情。

另外，还要注意，选拔干部的条件和选择员工的条件不同，选拔干部不是看他们守不守规矩，有没有能力，按照这两种标准选拔干部的话，公司的基础是很不稳固的。这两种标准，是基层员工必须具备的。选拔干部，要看他能不能带人，换句话说，看他有没有将才；还要看他有没有应变能力，有没有沟通协调的能力。如果这些能力他都不具备的话，你就不要考虑选他当干部，否则既害他又害公司。凡是一辈子只喜欢规规矩矩、实实在在过安定生活的人，就不要考虑提拔他当干部，因为他不适合。一个人一辈子实实在在、规规矩矩的，只适合在基层，但是也不能因此而亏待他。

如何培养优秀的员工

员工有潜力却不愿意发挥，是企业的最大损失。

为了避免出现这种情况，我建议首先把人力资源管理改成组织人员发展，建立人员发展部。人员发展部要对全体员工负责，从领导到基层员工，大家都是站在平等的、同步的、彼此尊重的基础上共同谋求发展的。

想让员工好好工作，就要看得起他，这是最起码的条件。有些员工正像孟子所说的"非不能也，是不为也"，即他不是没有能力，而是不愿去做。当一家公司很多有能力的人都对公司事务袖手旁观时，这家公司就很难走向成功。

很多时候，我们不是不会做，而是不敢做，因为做了很可能就要倒霉、挨骂、受人嫉妒。

对西方人来说只有一个"能不能"的问题，所以他们可以讲能力本位，你有能力你就做，你没有能力就不能做，道理非常简单。中国人谁没有能力？如果你说员工甲的能力比员工乙的能力强，员工乙就会抗议：我的能力不如他？你怎么知道我的能力不如他？你把机会给他，让他去表现，你不让我做，还说我没有能力？你下次把他的事情给我做，我会做得比他更好。这是东西方的差异。

人的潜力是无限的，只是有人不愿意开发、不愿意表现出来而已。我们常常会看到一个本来什么都不会的人，突然间变成什么都会；或者一个什么都会的人，突然变成什么都不会。前者是愿意发挥潜力的表现，而后者则是故意隐藏实力。

建立完整的人员发展体系

以人为本的管理者不会把人物化，而是把人"人化"，也就是真正把人当作"人"来看待。在这一大前提下，谈人事管理已经相当不敬，说人力资源就更加不妥当。实际上，公司只有员工的问题，而不应该说什么问题员工。

人的需要，主要还是在于求生存。基于求生存的实际需要，员工关心的是成长、充实和安全。人员发展必须充分考虑这三大项目。

这三大项目展开来看，可以用八个字来涵盖——进退、奖惩、教养、老死。这八个字涵盖了人员发展的所有内容。

进退

甄选、试用、派任都是"进"，而下岗就是"退"。总之，人员的升迁、调任，不是进就是退，领导要用进退来激发员工的能力。

就甄选人员来说，很多领导发现，自己当初觉得满意的人在实际工作中却屡屡出现问题，这点令他们非常头疼。其实，这与领导当初采取的甄选方法密切相关。问卷调查或者简单的口试往往看不出真正的问题，并且很容易让应聘者猜对答案，或根据个人偏好而做出错误判断。

甄选一定要把握出其不意的原则，要让对方无从防备，迫使其流露本性，这样比较容易找到合适的人选。

如果领导想辞退一名员工，也不要直截了当地下命令叫他走，因为这样做就意味着你把他当成物品处理了。

对中国人来说，辞退是一门更大的艺术。

在辞退某员工之前，高明的领导会找相关的干部进行一次交谈，他会问："你觉得某员工怎么样？"因为不了解虚实，这名干部一定会回答："他还不错。"领导接下来会板着脸说："这种人你还觉得好？"随即便列举出他的众多问题。这名干部此时会说："我还以为您不知道呢，您既然知道他不好，为什么不叫他走呢？"这时领导会告诉这名干部其中的缘由，并且暗示要这名干部代办辞退的事情。

当然，领导一定要将道理分析清楚，充分显示出公正无私，同时也要表明自己的无奈。这样就很容易达到目的，否则只会引发新的问题。

奖惩

奖惩包含奖励和惩戒。奖惩是一把双刃剑，既可以披荆斩棘，也可以伤害人，一定要慎用。很多人认为奖惩很容易，其实奖惩是最难的。奖励错了会造成很大的问题，惩戒错了又会制造很多的冤枉。

我们经常会听到干部这样抱怨："我们公司每次都是董事长亲自颁奖，而且董事长的眼睛每次都只看着照相机，从来就不看我们。"所以，这家公司每回颁奖都只是走个过场。而且其他领导每次也都只是坐在台下作陪衬，久而久之参加的人就越来越少。由此可见，颁奖是一项很复杂的工作，需要考虑多方面因素才能做好。

处罚员工也要注意，一定要在私底下进行处罚，尽量不要公开处罚。其实，无论是公开还是私下处罚，都是尽人皆知的事情，只是不同的处罚方式会带来不同的结果。

教养

教养也是人员发展的必要内容。企业要为员工提供培训的机会,让他们有时间学习、补充新的养料,这样才能使其长久地富有创造力,否则企业就会出现人才断层的现象。

领导最大的责任就是要教导下属。如果领导只把员工完全当作自己的工作对象,那他必然得不到人心。好的领导不但要帮助员工成长,还要关注员工方方面面的问题。

所谓养就是要照顾员工的生活,而不只是发薪水而已。要去看看员工住的地方怎么样,跟家人相处得好不好。

所以,领导对员工尤其是对一些特殊的员工要进行家庭访问,不能只管其上班的行为,而不管其下班后的行为。对西方人来说,员工下班后的事情领导可以不管,但中国人强调全面照顾。

老死

人都会老,也都会死,"老死"强调的是企业要照顾那些已经年老和去世的员工。当员工退休后,企业应该发给他们退休津贴;当他们离开人世时,也要体现出企业对他们的关照。

照顾那些老了和死去的人,其实就是安企业目前员工的心。照顾已去世的员工能够感动你现在的员工,能够向员工传递企业的关心。

这种行为其实很简单,它的作用却很大:它能让员工对企业产生信赖感，能凝聚员工的力量，让还在工作的人愿意为企业贡献自己的力量。

总而言之，进退、奖惩、教养、老死这八大项目，要全面兼顾并重。只有使这八个项目得到合理安排，才能使企业员工获得真正的发展。有一个项目做不好，人员发展就不到位，员工的潜力就可能发挥不出来。

无微不至地照顾基层员工

坚强、实在、可靠的基层员工是具有高度组织力的团队的根本基础，要使得团队中的员工表现出良好的品质，端正对他们的认识是首要一环。

中国人从小就被教育要认真、要勤劳、要节俭、要实在。中国人的敬业精神是世界一流的。中国的基层员工有很强烈的责任感，但是你不能提醒他"这是你的责任"，否则会事与愿违。

跟基层员工讲话要很小心，绝对不能说他们没有责任感，没有能力，而要说："你有很强的责任感，只是你对这部分了解得不够，所以我现在找一个人，把这部分向你解释清楚，这是我们的疏忽，没有照顾好你……"这么说的话，谁都不会反感了。

当干部的人一定要记住，员工做得不好是你的责任，不是员工的责任，是你没有好好教导员工，员工才会出错。我觉得有这种想法的人是比较正确的。

特别是对新员工，要格外加以照顾。公司不要让新员工入职第一天就开始工作。这时马上让他们工作，他们一定做不好，而且还会受到老员工的排挤。因此，公司应该安排至少三天的岗位培训，让新员工适应一下公司的环境，这样他们才会长期做下去。

为什么新员工流动率比较高，老员工流动率比较低？是因为老员工经常有意无意地把新员工吓走了。老员工往往在新员工来报到的时候就告诉他们："天堂有路你不去，地府无门闯进来。""我们都想走了，你还进来干吗？""我们老板用人太狠了，常常让你加班，而且从不说奖金的事。"这样，就会在新员工的心里留下阴影，以后一旦出现不如意的事，他们就会想到辞职。

老员工之所以这样做，是因为他们可以得到好处：领导会觉得，还是老员工好，更加重用、珍惜老员工。领导者一定要谨防这一点，这也是人之常情。

如何留住新员工

某家工厂的老板最近非常烦恼，因为他厂里新员工的流动率很高。这一家劳动密集型工厂，每个新人一到厂，就立即开始大负荷地工作，很多人都因难以忍受而很快放弃了这份工作。

老板为此请教了咨询顾问，并按照顾问传授的方法去做，果然收到了很好的效果。方法其实很简单，即提前把工厂的老员工分组，让老员工去照顾新员工。当新员工中午休息的时候，老员工就过去跟他说："把手伸出来，我看看你手上有没有泡。"对方一定会回答"有啊"。老员工接着说："你真行，才起了三个泡。我刚到工厂时第一天就起了五个泡，第二天起了十个泡，但第三天就好了。"这样，等新员工回家面对家人的询问时，他就会说："人家起的泡比我还多呢！这种工作怎么不能做？今天起五个，明天起十个，后天就没有了。"于是，他就会安心留下来。

如果不好好照顾新员工，最后受损失的还是企业。不要让新员工自己摸索，那叫自生自灭，很多员工都是用很高的成本招聘进来的，让他们自生自灭，其实是巨大的浪费。招得到人不是本事，留得住人才是功夫。

传递不给公司抹黑的观念

教导员工不要做害群之马

要想管好员工，领导者责无旁贷。除了带头守规矩外，还要严格要求自己不做破坏团队和谐气氛的害群之马。

有一家公司的老板我很佩服，他讲过这样一句话，不要因为一个人的问题连累到整个公司。这句话对团队中的每一个成员都适用。虽然平常，但是它的功效是很大的。一部机器要正常运行，需要拧紧每一颗螺丝钉，如果有一颗松动了，整个机器就可能松散掉了。

为了给员工灌输"不做害群之马"的观念，团队的领导一定要以身作则。这里的以身作则不是技术方面的，论技术，你始终比不过员工。如果某个领导是所有人里面技术最好的，那只能说明他的员工不称职。领导者以身作则的意思是，带头守规矩，重诚信，顾虑公司的名誉。

教导员工不要给公司丢脸

要形成一个真正精诚团结的团队，最要紧的就是让团队的每个人心目中都有顶头上司。中国整个社会安定的力量、和谐的力量都来自每个小孩子心中都有父母的存在，很多事情我们之所以不敢做，不是怕警察，而是怕丢父母的脸。如果能让员工觉得任何时候都不能丢领导的脸，那你的团队就是一个强大的团队。员工是不是以公司为荣？发现有人破坏公司的时候，员工会不会据理力争？据理力争的目的是为了获得奖励还是发自内心？这些都有助于你了解该怎样调整团队。

如果员工听到客户的批评，还承认对方说得很对，那就会对公司产生很大的负面影响。当然，也不能规定，凡是有人批评公司，就要力争到底。下面以销售团队为例，讲一下销售人员如何才能不丢公司的脸。

维护公司利益的适当方法

销售人员经常会陪同经销商参观生产流程。有一家生产汽车的企业，经销商来参观时说："这款汽车我们卖得很好，美中不足的是钣金太薄，如果加厚一点的话，那我们会销得更好。"凡是销售人员都会听到类似的抱怨，这是很正常的，关键是销售人员采取什么样的态度来回应对方。如果你当着生产部同人的面，对经销商说："你说得对，我们现在这方面就是做得不好……"那生产部的人就会说你吃里爬外。一个受过训练的销售人员，面对经销商的任何指责都不置可否，只是说："你提到的问题我们生产部门已经注意到了，目前正在改进。"

千万不能站在外人的立场来批评自己公司的同人，否则一句无心之语会造成很严重的后果：各部门本位主义会越来越严重，貌合神离、笑里藏刀，最后四分五裂。销售人员如果跟经销商解释，"钣金的厚度经过各种测试，还是目前这种最好"，说不定经销商听过几次，就会向顾客去说明这个问题。

每一个人都要进一步了解公司及产品,这是一个团队必备的。很多销售人员听到客户的批评,就不知所措,表示他们对产品不了解。

灵活应对,提升企业形象

有一次,一个顾客到一家百货公司想买一个刮胡刀。他看了一下,指着一个刮胡刀对售货员(是女性)说:"请把这个牌子的刮胡刀拿给我看看。"那位售货员拿出产品就给顾客介绍:这里有镜子,这里有刷子……顾客打断售货员的介绍,问:"这个产品你用过没有?"售货员说:"我没有胡子,怎么用呢?"顾客说:"你没有用过,而我用过三个,你还给我介绍什么呢?"售货员愣了一下,但马上回答:"我怎么知道你用过没有?"顾客说:"你不会分辨吗?如果顾客看了半天却不知道选哪个好,表示他没有用过;我指定品牌,就表示我是内行。"结果那位售货员对顾客说:"我们老板规定我要讲这些,我不讲他会批评我,我讲了你又批评我,我没法工作了。"

推销产品一定要把各种可能发生的情况摸得一清二楚,还要懂得分辨,对不同的人说不同的话。如果顾客是内行,就不要给他介绍产品的功能，而要说："先生，您真是内行，最近大家都抢着买这个牌子……"这样的话，这宗买卖很快就会成交。

领导要带出一个有灵活性、有活力、能够随机应变的团队，使团队中的每一个人都可以独当一面，这样的团队才是无敌的。

机灵的销售人员

某大学想为各个实验室采购仪器。当时，有很多销售人员上门推销，凡是滔滔不绝介绍产品的销售人员，多半不会卖出产品。因为大学的教授对这些产品都很在行，销售人员不介绍还好，他们一开口，那些教授就知道他们的介绍错漏百出，还有谁会买他们的产品？真正的推销高手并不介绍产品，只是说："各位老师才是真正的行家，我不敢班门弄斧，我的老板特别交代，请各位老师来点评产品有哪些缺陷，我好带回去改进。"结果那些教授看看产品还不错，就买了。

销售人员一定要懂得变化，对教授、对一般购买者都讲同样的话，是不会有好结果的。

总之，领导要告诉所有员工，你们怎么做我都尊重你们，只要求不让人家看不起我们，这是中国式的训话。我们中国人天不怕、地不怕，就怕吃亏上当；还有一句话，中国人天不怕、地不怕，就怕别人看不起自己。所以与人相处，得先看得起他，其他事情就好办了；如果你看不起他，最后你一定会吃亏的。

第五章
团队内部要高度和谐

用企业文化代替制度

要管理中国式团队，不能完全依靠制度，因为会有很多不受制度约束的特殊情况。但是，我不认为这是缺点，因为环境一直在变，而制度应该随着环境变，沧海桑田之后，有谁还会遵守原来的制度？一方面鼓励创新，另一方面让人们遵守制度，这根本就是矛盾的做法。很多制度制定的时候，就要花很多时间，要修改制度也不是简单的事情，但是环境说变就变，刚制定的制度就有可能不合适。

而且制度执行起来也有一定的困难。我们虽然嘴里讲依规章制度办事，但大多数情况下是合理解决。当然制度本身都是有弹性的，加入了人情的成分，比如说，本来规定罚你300元，念你初犯，态度良好，只罚100元好了。这在中国式的团队管理中是常有的事。

在制度行不通的情况下，我们要靠企业文化来约束人们的行为。

因为同一组织内,大家的想法很不一致。各人有一套主张,而且都言之有理。这种情况,对于喜欢讲道理、怎样讲都有理的中国人,更是一人一义,十人十义,意见相当分歧,非常不容易整合。反正公说公有理,婆说婆有理,大家乱说乱做,都可以找出相当的理由,形成"只要我喜欢,有什么不可以"的局面。

我们最好把民主和不民主合起来想,才能够顺利地在"嘴巴上说民主,心里头想的并不是西方那一套民主"的团队内,建立起合理的企业文化。

据说,公司的平均寿命只有7年。不到7年的公司,根本谈不上企业文化,因为什么时候会倒闭,谁也没有把握。生存期超过7年的企业,就需要用心构建企业文化,以期生生不息,永续经营。

事实上,公司刚成立的时候,用不着企业文化的约束,大家在蜜月期,自然尽心尽力,对于权利、义务,并不十分计较。当时大家都关注业务拓展得如何,没有心思去想别的事情。等到公司逐渐走上正轨,人们渐渐开始有了抱怨,本来认为无所谓的事情,现在也开始计较起来,正所谓"饱暖生闲事"。于是,企业文化就成为修己安人的一套准则,也是有效管理的基础。

在企业文化多元化的社会中,组织内部达成共识的意思是企业要想生存,必须上下一心,成员具有相当接近的看法,以期步调一致,产生同心协力的效果。在公司中,首先要形成以下几种文化形式。

倡导符合地域特色的主导文化

真正的中华文化是阴阳文化，阴阳文化是双轨的，有阴就有阳，有看得见的部分，就也有看不见的部分。当你看到看得见的部分时，还要寻找看不见的部分，才不会吃亏。

我曾经看到过以下两种情况。

在某领导的办公室，一个干部向领导请示，领导问干部："这件事情，你有没有跟其他的干部谈一谈？知道大家的意见如何，我才有办法做决定。你不告诉我其他人有什么意见，叫我怎么决定呢？"

一个星期以后，还是在那个领导的办公室，那个干部又来请示，领导问他："这件事情，你跟其他干部谈过没有？"干部说谈过了，结果领导勃然大怒："你们都谈过了，自己决定就好了嘛，何必问我？你把我当成什么人了？"

你可能会觉得这个领导吹毛求疵，在成心找干部的麻烦，其实领导并没有错，错的是那个干部，他没有这样一种概念：任何事情都有性质的差异，有的事情要先沟通，再请示；有的事情领导没同意，干部就不能进行横向的沟通。例如，干部对领导说："大家希望公司组织出去玩一个星期，所有的干部都同意，现在请示您的意见。"你试试看，这样做等于捋虎须。凡是加薪、调整生产线、改变价格等问题都要领导点头才可以行动。事情的性质不同，不可一概而论。

阴阳文化主要表现在以下方面。

第一，表面上是领导做决定，实际上是干部做决定。

如果公司里的事，样样都由领导作决定，这家公司是很危险的。因为很多专业性的知识领导根本不懂，这种情况下怎能做决定呢？

干部要帮领导做决定

有一家从事高新技术开发的公司，一次碰到一个问题，负责的干部就开始分析，提出几个解决方案，并把几个方案的优劣统统写明，汇总成一个报告，最后拿着报告去请示总经理，到底选用哪一个。

总经理是怎么批的呢？他拿起笔来，在报告上写了几个字：请按照对本公司最有利的方案切实执行。

批了跟没有批一样，那个干部看了一肚子的火，就去找公司的顾问说："他怎么可以这样批？批完了我都不知道选哪一个。"顾问并没给出明确的答案，只是说："你等一等，我替你问问看。"顾问问总经理："你怎么会这样批呢？"总经理说："他写了那么多，我根本看不懂，如果看得懂哪一个比较好，我会这样批吗？你觉得我乱写一个好，还是这样写比较好？"

顾问不得不承认总经理的做法很高明，并很快把他的回答转告给那个干部，干部也承认在看不懂的情况下，这样批比较好。很多时候，人们都是站在自己的主观立场上去否定别人的，结果造成很多冲突。

做干部的要体会到领导的心情，领导不明白的情况下，你不能逼着他承认自己能力不足，没有办法做决定。一个干部，不能等待领导给你做决定，而是要帮助他找到最好的决策。干部应该拿着报告当面给领导分析，这样他才好意思问你哪个方案比较好，你若说，"目前为止，第三种方案比较好"，他就会决定采用第三种方案。

干部要帮助领导做正确的决定，而不是出难题考他，把他考倒对你没有任何好处。虽然实际上是干部在做决定，但是干部不能擅自做决定，不能拿起笔来随随便便就提申请。比如，干部打算给本公司的一个员工奖励，不能这样写："此人表现突出，请给他若干奖金。"这样做，领导批准了，你得到了人情；领导不批准，他得到了恶名。凡是跟人的利害关系有关的，干部不能私自做主，怎么办？先口头请示，领导同意后再书面申请，否则，你很容易成为领导眼中的沙子。

再举个例子，如果有人问外交官，当外交人员最重要要具备什么条件，他应该怎么回答？能力？他若说能力最重要，他的上级就不高兴："难道你认为自己很有能力吗？"人际关系？更糟糕了，他的上级会想："原来你是靠关系进来的。"所以只能有一个答案:"当外交人员要有非常强烈的爱国心。"这样说,才能滴水不漏。

第二,管理要因人而异,实行双轨制。

西方的管理以事为中心,中国的管理以人为中心。在中国式团队里面,制度的作用有限,人比较重要,如果用错人,什么制度都没有用。相同的制度,不同的人,执行的结果会千差万别。

因此,中国式团队管理一定要实行双轨制。既要有制度,又不可能完全照制度执行。制度是很僵化的东西,制度只能管理例行的事物,没有办法管理例外的事物,而在中国式团队的管理中有例行就会有例外。

不懂应变的服务员

有个人去一家餐厅吃饭,他对餐厅的经理说,他是这里的常客……结果旁边有一个服务员说:"我们对所有的顾客都是一视同仁的。"这句话并没有错,但是这个服务员被经理大骂一顿。因为,站在顾客的角度,他无法接受餐厅对每个人都同等看待,他希望餐厅对自己另眼相待,特别是餐厅的常客,更希望得到一些优惠。服务员的话会让他觉得很没面子。

人往往听话不听对错,不在乎你讲什么,而在意你怎么讲。

怎么讲比较重要，讲什么不那么重要。讲话要能让对方听得进去，才是会讲话的人，对方一句话也听不进去，你就算口若悬河也等于白说。因此，在团队管理中，讲话要因人而异。

建立默契的上下级关系

在中国式团队里，往往不要紧的内容会讲得很清楚，要紧的内容永远含含糊糊。

当对方跟你讲话含含糊糊的时候，他其实是尊敬你。当领导对你说，"你看着办吧"，那就是对你的一种重视。当你的领导对你再三交代的时候，他其实是对你一百个不放心。

另外，领导的意见与你的意见不同，他也许完全没有反对你的意思。有时候，就因为上下级之间没有默契，才会导致乱七八糟的局面。但有些时候，话是永远讲不清楚的，所以建立默契是十分必要的。

秘书难当

有个年轻人刚刚成为老板的秘书，恰逢一个客人来拜访老板，时近中午，老板就交代："这个客人难得来，中午准备好午餐招待他。"秘书听了以后，就尽心尽力地准备，很怕老板挑出饭菜的毛病。那天的菜确实很丰盛，老板吃得也很开心，但客人一走，他就翻脸骂秘书："让你弄得丰盛一点，你就弄得这么丰盛，是你出钱还是公司出钱？你出钱是没有关系，但是公司出钱的话，迟早会被你吃垮。"秘书满腹的委屈。

过了几天，又有人来拜访老板，老板又交代秘书："这位客人难得来，中午弄得丰盛一点。"秘书嘴上答应，但心里想，我才不会上当呢，所以他只准备了四菜一汤。老板一看，当着客人的面就骂秘书："这是我小学同学，几十年没有见了，难得来一次，你却只准备四菜一汤，公司再穷我自己出钱！"

秘书又是满腹的委屈，心里盘算着，要是再有客人来，老板再交代搞丰盛一点，他该怎么办？难道直接问老板这次是真的假的？那样的话，老板非得把他开除不可。但是，听话也挨骂，不听话也挨骂，他又不是老板肚子里面的蛔虫，怎么知道老板的心意呢？

后来，秘书反复琢磨，终于想出点门道来。第三次，客人来了，老板还是交代："这个客人难得来，你中午准备得丰盛一点。"秘书嘴上答应着，但是并没有行动。

等客人去忙别的事情时，秘书偷偷地对老板说："我在某大饭店里订了一个包间……"老板说："订大包间干什么？用不着，在旁边那个小馆子就可以了。"于是，秘书就明白了老板的意思了。

第四次，又有客人来了，但是老板没交代中午准不准备饭，当着客人的面，秘书不敢去问老板。何况问了，也许会惹老板生气。如果直接问"这个客人来了，中午要不要请他吃饭？"，老板会说："现在才10点，你就想着中午吃饭，你早上没有吃饭是不是？"所以秘书一直没敢开口。

等到11点半，老板问秘书："中午安排在哪里吃饭？"秘书小声说："你没有交代，我就没有准备。"老板大怒："要我交代你才做？你吃早饭是谁交代你的？"

这样的老板大有人在。所以，中国式团队管理的起点永远是两难的：准备也不对，不准备也不对；做得快也不对，做得慢也不对；听话也不对，不听话也不对……永远是反反复复的，一切都是三个字：看着办。

这一套管理到了美国就叫情境管理。情境管理就是当情境发生变化的时候，要采取不同的措施。

大家很清楚，一切都在变，任何事都不能马上做决定，当干部的要多多去了解你的领导，跟他充分配合。如果你不去了解领导的意图，领导会觉得你目中无人，最后倒霉的还是你。

凡是一件事情仓促做决定的，后面肯定惹来一大堆问题，没办法解决，这叫后遗症。凡是三思而行的，后面基本上就没有麻烦。所以，要最后一刻做决定，这样所有的变数都考虑进来了。

管理是很复杂的，凡是喜欢简单明了的人，干脆去搞工程不要搞管理。工程问题是有固定答案的，而管理问题绝对没有固定答案。凡是告诉你什么是正确做法的人，你一定要小心，他是在害你，因为环境随时在变，没有绝对的对错。

建立承上启下的机制

在中国式团队里面，最难做的不是领导，也不是员工，而是干部。因为中国式团队管理的重点是干部，员工很好当，领导很好当，干部最难当。干部所处的位置是上压下顶，日子很不好过。

员工一般都怕老板，但是不怕干部。员工和干部讲话多半都不客气，但是碰到领导，都会规规矩矩、客客气气。很多情况下，干部没办法把基层员工的意见反映到上面去，就因为员工的话通常很不客气。

冤枉的主管

某公司经常加班，而且加班费较低，弄得员工怨声载道，后来员工忍无可忍，很不客气地对主管说："公司如果再不增加加班费的话，我们就拒绝加班，到时有什么损失，后果自负！"

主管吓坏了，跑到老板办公室，对老板说："报告老板，现在事态很严重，如果我们不调整加班费的话，基层员工都拒绝加班。"

老板对所有干部的话都是将信将疑的，他当时没有表态，只是说："我知道了。"然后他偷偷地调查，找来一些员工，问他们："听说你们对加班的反应很强烈，如果公司再不调整加班费，你们就拒绝加班？"

员工对老板都是毕恭毕敬的："没有这回事，只不过希望调整一点，哪有人讲话那么难听？"

这下主管就倒霉了，老板还以为是他在搬弄是非，就把主管叫过来，大声斥责："你要威胁我，就直接威胁好了，你用员工的话威胁我，想把我吓死呀？"

凡是干部赤裸裸地把员工的心声向上反映的，都会自找倒霉。但是不反映也不行，万一真的有一天，员工都不来加班，领导就会批评干部："你平常一点情况都不了解，你究竟在干什么？"如果干部承认他知道，就更错了。"知道为什么不向我报告？你不能解决，我可以解决。"

那干部应该怎样做，才能避免这种进退两难的局面？下面的案例可以给你一点建议。

聪明的主管

和上面的案例相同,员工对加班怨声载道,甚至说:"公司如果再不增加加班费的话,我们就拒绝加班,到时有什么损失,后果自责!"

员工的反应比较强烈,主管却不动声色,而是找个适当的时间去找老板,站在他面前一动不动。老板见主管表现得怪怪的,忍不住问主管:"找我有什么事?"这样,主管就掌握了主动权。主管并没有急于说明问题,而是欲言又止:"没事。"

中国人说"没事"的时候,常常是有很重大的事情。老板也明白这一点,于是鼓励主管说出来:"看看,你就是这种个性,有话就说。"

主管摇摇头:"我不能说。"

老板有点着急了,他说:"天底下还有什么不能说的,说!"

主管说:"说了你会生气。"

老板说:"绝对不会。"

主管想了想,小声说:"我们公司的加班费标准我认为已经不低了,偏偏有人就是认为加班费太少,岂有此理。"

老板说:"话不能这么说,也许我们真的比别的公司低,你去调查一下,如果真是这样,我们就调整一下。"

这个主管很聪明,他心里想:"我可不能上当,老板的话虽然好听,但没什么可信度,如果我真的按老板的话出去调查,那老板肯定说:'你出去调查一下,看哪一家公司好,你就留在那里,不必回来了。'"于是,他说:"不必调查了,我有信心,我们的加班费标准不会比别人的低。"

老板说:"你这种个性要改一改,出去调查。"

主管推辞了几下,很"无奈"地去了。

其结果不言而喻。

在你的领导面前,你的胳膊肘永远要向里拐,这样他才会放心。

打造协同一致的团队

西方的管理不适合中国

中华文化是世界上公认的早熟的文化,科学越发达,越证明中国古代人了不起。中国有太多的科学是超前的,很多现代的管理理念早已有之。举个例子:外国人一直认为中国人没有质量观念,其实不然。中国古代砌墙的砖上都刻有哪年哪月哪日由谁制造,墙出了问题马上就能找到砖的制造者,这是完全的责任制。如果我们不重视品质的话,万里长城早就垮了。

中国的科学一直是领先世界的,只是从明朝以后才衰落下来。中国在科技上落后于西方人,我们应该学习他们的先进技术,但在管理方面,只要跟人有关系的,就不要盲目学习西方人的理论。比如说,中国人以前做学问是不分科的,分科是从西方学来的东西,西方人把学问分解,最后弄得支离破碎,他们叫专业,结果产生很多只知其一、不知其二的专家。

中国人应该从事实去了解自己,不能片面地否定自己,如果你认为中国人存在种种劣根性,你就无法面对中国人,也就无法带领中国人。中国人有时候很听话,有时候很不听话;有时候一诺千金,有时候出尔反尔。中国人的个性是非常特殊的,凡事都是"不一定"。

我们要了解事实,明白真相,才知道要往何处走。要管理中国式团队,必须先了解、适应,然后再摸索怎么去改,采用好的方法,最后才会有实际的效果,这需要一个过程。

学哲学的人都知道,人本身具有主体性,人不是工具,所以我反对"人力资源"这四个字。人不应该被视为资源,人根本不是资源,这是东西方文化中很重要的一个差异。只有被利用的对

第五章 团队内部要高度和谐

象才是资源，而人则是使用各种资源的主体，把人当成资源，人岂不就变成了工具。人既不是奴隶，也不是机器，更不是工具，人是实实在在的主体，不是说人有价值才受尊重。

有些人成绩好，所以很骄傲，其实这有什么可骄傲的？成绩好的人应该感谢成绩比较差的人。每个人取得任何成就都是别人成全你的，知道这一点，才知道什么叫价值。所以每个人都应该有感谢之心，而这种心情是自发的，不是嘴上说说而已。中国人不太相信你说的话，只相信你从心里发出来的电磁波，当我们接收到以后，就有一种感应，变成感觉。中国人是跟着感觉走的，我们不是很理性的民族。西方人是相当理性的，但是一个过于理性的人就没有感情。

有个学化学的人，每天都在实验室里工作，他太太很不满，有一天忍不住跑到实验室去，问他："你到底是喜欢试管，还是喜欢我？"那个人没有回答，还在工作。他太太气哭了，那个人说："你不要哭嘛，你的眼泪只不过是盐加水而已。"这种高度理性的人就是典型的木头人，没有丝毫感情。

总之，管理中国人的团队，要凡事看清楚，要适应，要了解，才有办法借力使力，才有办法去调整它，才能够建立共识。这需要你单方面的付出，而不是谁听你的，你就付钱。对方即使拿了钱，还是不做事。

在中国式团队里，有几个基本的原则，那就是：卖力可以，卖命不行；流汗可以，流血不行；做事可以，坐牢不行。

凡是领导叫下属去做违法的事，下属是不愿顺从的。我不知道这个"顺"字是从哪里来的，使中国人认为听话就是好的，其实不然。我问过很多企业老板是否喜欢听话的人，他们都是摇头的，他们的答案很简单："他听话，我就会很快失败，我又不是神仙，总会犯一些错误，我决定错了，他还照样执行我就完了。"

能合作，分工才有价值

既然要管理团队，就要建立高度的团结性，产生高度的一致性，否则的话，就是有团无队。在企业内部，我们要把同事变成朋友，中国人对朋友是可以两肋插刀的，但跟同事会斤斤计较。什么时候我们慢慢把同事的观念淡化了，变成朋友，那整个团队就不一样了。

我们对外要一致，对内可以竞争。对内彼此竞争是良性的，这样大家才会进步。但是对外呢，我们一定要采取一致的言论，不能有两种不同的意见。千万记住，"分工是为了合作，如果不能合作，所有的分工都是无效的"。

领导者一定要明白，分工是一种罪恶，使得工人没有乐趣。一天做好一个桌子会感到很快乐，而一天只做四个桌腿有什么乐趣？今天的工作弄得工人没有一点享受工作乐趣的机会，所以让工人乐在工作，是天方夜谭。尤其是从事高科技工作的人，工作枯燥乏味，整天坐在那里，按几个按钮，最后除了一身职业病，没有任何成就感。

工人没有乐趣，没有技术，更谈不上发展，所以更需要领导者的关怀。领导者要明白，不能为分工而分工，分工是为了合作，如果不能达到合作，分工就是没有意义的。慢慢地做到，不是谁听谁的，而是大家一起听最合理的意见，你的团队就成功了。

目标正确，才有号召力

要有效管理中国式的团队，形成团队内部高度的协同一致，其成员必须有自发的意愿，即愿意配合。从这个角度来看，团队管理的核心在于配合，配合得越好，团队的工作成果和绩效就越高，反之，配合得不好则意味着资源的浪费。

同样一个员工，他肯干的时候表现非常好，不肯干的时候表现非常差，因此，领导要发挥员工的自发性。中国有句话，"得道多助，失道寡助"，组织目标光明正大，成员才会全力以赴。如果一个员工发现他正在生产的产品是害人的，他绝对不会用心去做，因为人都是有良心的。良心就是我们心中那一把看不见的尺，中国人到了某一个时期良心会发生作用，现在很多人已经开始反省，这样盲目工作下去值得吗？这个"值不值得"是中国人非常介意的事情，不值得他就不做，千万不要以为中国人没有约束力，我们的约束力就来自心中那把看不见的尺。

如果组织目标是光明正大的,领导是大公无私的,这个团队就很容易建立起来,因为员工的眼睛是雪亮的。而且领导还要顺应人心,要信任员工,但是又不能绝对信任,把握这个"度"最重要。这虽然很难做到,但是没办法,中国人非常敏感,反应很快,思路很复杂。你讲一句话,可能外国人就听一句话,而中国人会听言外之意、弦外之音。

实现协同一致的条件

在管理中国式团队的过程中,要做到内部成员的协同一致性,需要具备以下条件:

安和乐利

以前汉字是竖着写的,即:

安

和

乐

利

最重要的是利益,因为"利"是基础,没有共同利益作为支撑,企业团队无法继续发展,更不用说形成团队的组织力了。

"乐"所代表的愉悦是团队内部能够协同一致的第二个要素。当企业有了利益以后，领导者要考虑"乐不乐"，是我一个人乐，还是大家都乐？是可以长期的乐，还是只能短暂的乐？只有使得团队成员能够长期保持愉悦，团队精神才有可能形成。

"利"所触及的层面要上升到"和"的高度，只满足部分团队成员的利益要求而产生的"乐"，迟早会造成团队内部不和的局面，只有能和谐的"利"才能照顾和辐射到团队内部的每个层面。

"安"的状态是团队管理追求的最高目标，不安的和谐，就叫和稀泥，分赃均衡也是和，但是不安，最高境界就叫"安"。以前改朝换代，新皇帝一定要出榜安民，把老百姓安抚了，天下才能太平，否则皇帝就会坐立不安，可见，管理强调修己安人是有道理的。

兼容并蓄

《易经》的八卦是中国传统文化的精髓所在，它就是从八个不同的方位来看同一件事情，以实现面面俱到。中国人考虑事情是全方位的，就是说从现在开始，做任何事情一定要想到自己，当然想了自己之外也要想想别人，这叫将心比心。有一句话很通俗，"前半夜想自己，后半夜想别人"。不过有些人前半夜想自己，想着想着就睡着了，从来没有想过别人。

从企业管理的角度来看，我们提出四大目标：安顾客、安员工、安股东、关心社会大众。为什么是四个目标而不是三个目标，因为四面八方才是全方位的，才能兼容并蓄。

安顾客

顾客是企业团队的利润来源，顾客不安，就是对产品或服务不满意，企业再怎么做都是没用的。中国人喜欢说"顾客如云"，就表示顾客像云一样飞来飞去，说走就走，说不买就不买，说翻脸就翻脸，是最不固定的。长期的顾客突然变了心，都是可能的。顾客"安"了，你就知道你的产品不错、服务态度不错、销售渠道不错……因此，对中国团队的管理，首先应该考虑到是否能够在顾客方面实现"安"的状态。

安员工

在顾客可以接受的前提下，企业团队的管理还应该考虑到内部员工是否能够接受相应的决策和要求。因为员工随时会跑掉，即使本身不跑也有人想挖走他。只要你的公司做得好，就有人会看中你的员工，要挖走他。员工稍有不安，他就走了，还有可能把公司的机密、核心技术，甚至整个管理队伍都带走。这种事在国内屡见不鲜，如果高层人士跳槽，一般会带走自己手下的团队，引起"人事地震"，有时会对公司造成致命的打击。

安股东

股东是企业的投资人,他们最不放心的就是把钱放在别人口袋里面。股东希望通过领导对企业团队的管理实现其利益的最大化,他们不安,就会抽走资金或要求减少投资,企业不得不重新组合,可能面临员工离开、信用下降、形象受损等一系列打击。在考虑了顾客和员工的感受之后,股东的感受也应该关注。

安社会大众

在现代社会中,作为社会的一个组成部分,企业团队与周围社会大众的关系越来越紧密了。在这种情况下,企业团队不仅有自己的利益要求,也要承担相应的社会责任,同时要注意公司的社会形象。老实讲,凡是经常出现人事动荡的企业,社会大众就会产生怀疑,认为其内部一定有问题,对企业的产品就不信任了。企业唯有尽社会责任,才得安然长存。

企业管理的最终目的是"安人",即"把握正当的方法来消灭企业内外的不安"。所谓"正当",系指"为所当为"而非"为所欲为",也就是本着"企业是为了贡献于社会制造商品或提供服务"的宗旨,自觉履行责任。一方面"安内",使全体员工与所有股东都获得其"安";一方面"安外",使社会大众与顾客皆安宁并乐于支持,减少外界竞争或各种变迁所产生的压力。

以让代争

中国人的谦让实际上蕴涵了竞争的内容,在对中国团队进行管理的过程中,"以让代争"的策略对于形成内部成员的协同一致性也是至关重要的。

以让代争是中国人最了不起的地方,西方人讨价还价,都是你出价,我再还价;中国人很高明,根据你的预算来提供相应的货物,正所谓"一分钱、一分货",能不能用是你的事。

从划拳看以让代争

中国人让你的时候,就是在跟你争,这一点从喝酒上最容易看得出来。外国人很奇怪,你们中国人定的游戏规则很奇妙,大家猜拳、喝酒,结果呢,猜赢的人没有酒喝,那赢的人有什么意思?

外国人不明白,如果猜拳赢了喝酒会导致什么。我跟你猜拳,你赢了就喝酒,你一直赢下去,就一直有酒喝,那我还有什么意思?结果一定是不欢而散。中国人很高明,我赢了,你喝酒,而且那个喝酒的人有着密切配合的态度,从来没有人猜拳输了之后说"我最喜欢喝酒",如果这样的话,赢的人会很生气:赢你这种人干什么?明明很喜欢喝酒的人输拳的时候,也会推让,最后才"勉为其难"地喝下去,这样对方就很满足。如果有人猜拳的技术很高,经常都赢,岂不是不能喝酒?中国人当然也想到了这一点,一直赢的人想喝酒的话,可以说"我陪你一杯",没有人会反对。

这样,就会形成双赢的结果。

从依附感产生归属感

对这种状况有所了解之后,在对中国团队进行管理的过程中,领导者应该注意对团队成员提出在短时间内建立高度归属感的要求是没有必要的,实现起来难度很大。

归属感来自依附感

在中国式团队中试图凝聚出归属感,最好的办法应该是让团队的成员从形成依附感开始,再逐渐实现向归属感的转变。依附感与归属感都能够在团队内部形成某种程度的向心力,在团队成员与团队本身之间建立起一种连接关系。不同之处在于,归属感就是我属于你,我属于组织,我不会脱离;依附感是说你给我好处,我会依附在你身上,没有好处我会跑,这种关系不能持久。

归属感与依附感,一个是持久的,一个是不一定持久的。由于归属感难以产生,所以在对中国式团队进行管理的时候,团队领导应该首先设定团队成员与团队本身的连接关系在初始阶段是不够持久和稳固的,这样才能将团队成员聚集起来。

企业与国家不同。国家对人民是没有权利选择的,人一出生,哪怕是个残疾人,国家也要照顾他,因为他是你的国民。而企业则有权利选择,构成企业团队的成员都是经过筛选而聚集起来的志同道合的人。企业若是放弃此项权利,让并非志同道合的人,甚至破坏分子进来任职,等于有门而不知设防,有人而各行其道,不但难以管理,而且不容易持续生存。

企业团队的成员所共同秉承的"志"和"道",实际上对于企业而言就是其经营理念。当你要成立一家企业的时候,要把自己的经营理念确定下来,再去找志同道合的人,这样企业才会正常发展,否则,企业成员只是乌合之众。

中国经济的发展速度令世界刮目相看,我们靠的是什么?美国式的管理、德国式的管理?都不是。有一句话是世界公认的,就是现代化管理如果要有效果的话,一定要跟当地的文化相结合。在中国,你带领的是中国式团队,你的管理一定要符合中国的文化,你的经营理念一定要有中国特色。当中国经济快速成长的时候,当代中国企业家要想在历史上留名,必须创造出一个可以代表中国特色的团队,否则赚再多的钱,也是枉然。

确立经营理念,即回答"企业存在的理由是什么"。如果企业只是为了赚钱而存在，那你的企业不会长久，世界上有成就的企业没有一家是只为赚钱而存在的。对于初创的企业而言，创立者需要围绕这个问题形成自己明确的答案和思路，以此来作为组合企业团队、吸引团队成员的依据。而对于已经步入正轨的企业来说，领导则只能通过基层调研的方式，依据对经营理念调研的结果来判断组织力所处的水平和状态。

具体的做法是，把所有干部找来，给他们每个人一张纸，让他们写出本公司为什么而存在。如果发现干部写出来的答案都是不同的，那么就表示这个团队没有共识。当你发现自己的团队已形成某种程度的共识后，就要以经营理念去整合大家，以便达成完全的共识。

一个企业核心的经营理念不能够来自道听途说，否则只会陷入混乱的境地。国内的很多企业并不重视自身经营理念的提炼。长此以往，这样的企业很难形成具有中国特色的团队。

一视同仁与亲疏有别

一家公司一定要有一个核心的经营理念，有了核心的经营理念，才能构建核心团队。这引出一个问题，领导对下属到底是一视同仁，还是差别对待？一视同仁就是以领导为核心，对待每一位下属都一样；差别对待就是对这些人比较信任，对那些人差一点。

如果只选择一种对待下属的方式，那就偏离了中庸之道，不合乎中国式管理的要求。在不了解下属的情况之下，应该一视同仁；若是接触一段时间之后，对下属仍然停留在一视同仁的状态，岂不表示领导连"好人坏人都不会分"，而且简直是非不明，连最起码的判断力都没有，那还当什么领导！反过来说，领导在一开始就采取对下属差别对待的方式，下属就会怀疑你是依据哪些标准，也许原本就是成见、偏见在作祟，当然不服气。搞差别对待还容易形成小团体，造成党派之争。

所以领导者嘴上要讲一视同仁，心里要想差别对待。逐渐按实际贡献和表现，将下属区分为三层。最内层属于核心人物，领导应以"没有你我会死"的心情来加以礼待，给予特殊的照顾。第二层为"有也好，没有也好"的一般成员，如果他们不能再努力，提高贡献度，只能给予一般的照顾和客气的对待。最外层则为"早走早好"的待提高下属，若是他们不知自省、自律，就希望他们另谋出路，不要待在这里混日子。领导必须站在公的立场，确实依据公共目标来考核，不夹杂私心，公正地区分下属。相信大家会认同这种做法的，这就是合理的不公平。

最内层的核心人物，通常叫作班底，是十分值得领导信赖、依靠的少数人。日本企业宣称"企业由少数人维持"，中国企业似乎把这一句话发挥得恰到好处，让少数有心而且用心的人士，构成企业坚实的第一道防线。

有了班底之后，领导还必须进一步善用班底的力量。任何事情，领导都不要擅自决定。领导可以先把自己的看法隐藏起来，当作腹案，再将自己的腹案变成问题，用来征询班底的意见，让他们在互动中找出合理的答案。经领导核准后，再由班底去执行。领导越依赖班底，班底越奋发图强进而提高可靠的程度，这才是良性的互动。

领导必须信任班底，却也不能对第二层和最外层下属的意见不闻不问。一方面表示一视同仁；另一方面也要开启最内层的门，让更多的下属可以通过努力而成为班底的一分子。当然，这种做法同样具有防患作用，使班底提高警觉，不但不能够营私舞弊，而且应该更加用心，否则第二层、最外层的人会向领导反映，影响领导对班底的信任。

秉持以心交心的态度

如果领导只强调一视同仁，后果是非常凄惨的，当公司有困难的时候，所有人都会离你而去。所以要在心里想着差别对待，这才符合中国人亲疏有别的伦理精神。如果某人对公司有特别的贡献，就要特别照顾他，否则他有一天会心灰意冷，辞职不干。中国人在没有辞职以前，公司挽留，他会留下来；一旦辞职就代表他去意已决。预防胜于治疗，你发现某个人萌生去意时，要趁早挽留。一个好的干部走了，对公司的杀伤力是非常大的。一个可以信赖的人、一个可以支撑公司的人、一个可以帮助公司发展的人，是很难找到的。我看过最差劲的领导，拿着很多求职信，对他的干部讲："你们好好干，否则有这么多人会来顶替你们。"其结果只能是有能力的人走了，没能力的留了下来。

在企业中人事流动是很正常的，所需要担心和避免的是优秀的人才严重外流而平庸的人都留了下来。优秀人才的外流实际上都是领导者的过失。对每一个人而言，类似于离职这样的变动都无异于冒险，之所以在清楚这个道理的前提下，优秀人才还是选择离开团队，就充分说明他们其实是迫于无奈，不得已而为之。

领导在有人员流动的时候，一定要查清楚他为什么走，这是最好的教训。当然不要直接问他本人，因为你问不出真正的理由，要找平常跟他关系比较密切的人了解情况。

员工离开，责任在领导身上，所以领导要和员工以心交心，员工一旦能够从内心深处感受到他人真心的关怀，则凡事好商量，并且愿意接受他人的领导以作为一种回报。因此，在团队管理过程中，要形成协同一致的组织力，领导一定要满足下属的需求，不能总是强硬地要求团队成员服从和听命于自己。

如果领导没有以心交心的态度，只凭借契约、合同、公司的章程，那你很难去管理员工。员工不会在乎规定。我去做培训的时候，一般会事先把客户公司的经营理念都收集起来，做成幻灯片，再放给员工看，结果那些员工一字不漏地抄下来。我很奇怪："你们抄这些干什么？这本来就是你们公司的。"

在员工看来，凡是贴在墙上的，效力就大打折扣，只有变成他们自己的才有效。这需要自然孕育，急不来，需要一个过程。

过程永远比结果优先，因为先有过程，才有结果。不重视过程就不会有好结果。只重视结果，就会养成投机取巧、不择手段的毛病。

我们要的是可靠的力量，而不是听话的部队，表面上的服从是没有任何意义的，你有困难的时候，没有一个表面服从的人会与你患难与共。

构建蜘蛛网状的组织

中国人强调"亲疏有别"的伦理精神，将这一点运用到对中国团队的管理方面，就要求团队的领导在建设团队时，有意识地在整个团队体系中，构建出由核心团队、外围团队及外围之外的团队所构成的蜘蛛网状的复式结构，并充分发挥它们各自的功能和作用，这样才能将团队紧密有序地组织起来。

蜘蛛网状的组织形态

中国式团队组织像蜘蛛网一样。被蜘蛛网粘到的人，是最难受的。蜘蛛网好像安安静静在那里，但是位于边缘的人一动，它的核心团队马上就能知道。蜘蛛都是以静制动的，当它们把网布置好以后，没有猎物能跑得掉。蜘蛛网状的组织有核心，也有外围,而且外围经常是你摸不透、看不清的。

中国人经常隐而不显,就像下棋一样,高手一般是没有表情的,因为他们有表情你就会知道他们在想什么。中国人考虑很长远,思虑很周密,而且隐而不显,这叫放长线、钓大鱼,但是只要你一上钩,就无路可逃。

内外团队的分工协作

当然,当领导的并非无所事事,作为核心人物,他有核心的动作。蜘蛛位于蜘蛛网的核心,好像没有任何动作,实际上它是很机灵的,只要有昆虫落入蜘蛛网,它就会迅速出击。核心团队就如同蜘蛛,一般情况下看似平静,但一有状态便立即能够协调解决,表现出快速反应和果断决策的能力。

而外围团队则如同中心所发散弥漫出去的网络一样,深深地根植于市场终端,它往往能够在第一时间获悉客户端所发生的变化及相关的市场信息,如果能够做到将这些信息如实地向上级反映,那么它对团队的最终决策将起到极其重要的支持作用。不然的话,外围的每个人都自己加以判断,对情报做不同程度的修改,那么情报传到核心那里,已经和原始情报相差十万八千里了。由于外围团队实际上缺乏对信息的判断和筛选能力,必须要求他们迅速而正确地向上级报告而毫不保留。

发挥树状的领导精神

无论在任何时候,领导尊重干部和员工都是一个重要原则。在这个原则的指导下,团队的领导者应该充分发扬"树状的领导精神"来激发干部和员工的工作热情。什么是树状的领导精神?顾名思义,一棵树,最重要的是树根,树根支撑着整棵树,但它永远不是最漂亮的,最漂亮的是树枝和树叶。在管理企业时,要把荣誉让给员工,把舞台让给干部,领导则变成默默无闻的树根,整个组织才能生生不息。哪一天树根说"我要表现",于是整个都露出来,那树就死掉了。领导不能跟员工去抢功劳,而要把好处让给他们。

今天,我们很多企业都在学习西方的管理模式,引进金字塔形的组织形式,结果使整个组织缺乏弹性,组织气氛也是死气沉沉的。这种形式根本不适合中国的团队,因为中国的员工是不能单纯用规定和命令去管理的。我们希望员工负责,但是不能命令他们负责。一个人自发地要负责,他不会觉得吃亏;一个人天天被别人赋予责任的时候,他是很痛苦的。

树状的组织结构最适合

树木的生长,随着外在环境的变迁,呈现参差不齐的发展状态,该茂盛处自然茂盛,该枯萎时自然枯萎。树状组织同样要适应目标的变革，应该发展的部门，尽量扩大延伸；必须合并或裁撤的部门，也要让它萎缩或关闭，以符合实际的需求。

根部吸收水分，源源不断地供应给树干；树干也毫无保留地让枝叶予取予求。这种精神契合中国人"我支持你，你放手去做"的民族性。领导持有"你办事，我放心"的心态，干部才肯尽心尽力。否则干部就会还以"公事公办"的因循守旧、等因奉此的态度，而不求上进。

开花结果是枝叶的事，树干向来不与枝叶"争绿夺艳"。可见干部的第一修养，在"不与员工争功劳"。干部权大位高，当然有机会也有能力抢夺员工的功劳，但是一次、两次下来，员工就不想表现了。因为他们会觉得反正再努力也没有功劳，何必拼命为上司争光彩？

其实，一个人做了部门主管，就不再需要什么功劳，你的部门做得好，就是你的功劳。领导认为你好，你就有功劳；领导认为你不好，你功劳大，他反而会认为你在搞恶势力，准备抢他的位子。身为干部，很多事情要抓大放小，才能轻松。把成就感让给员工，才能引起员工强烈的参与感。唯有员工热心参与，干部才能称心如意地推行组织所欲完成的任务，顺利实现预期的目标。

树木由根部到树干，从树干到枝叶，都是彼此互依互长地发展，各部分都息息相关。有分工，却不会出现本位主义。树状组织，最要紧的便是从领导到各级干部，以至于基层的员工，都纳入组织的互依互赖网。每一成员，都不是组织中乌合的个体，而是团体中缺一不可的组成部分。大家都深知牵一发可能动全身，没有自己的全力配合，整个组织就会蒙受重大的损失，因而时常自我警惕："不要因为我一个人不努力，害了大家。"树木的自然生态应是欣欣向荣的。树状组织，也将由于彼此互助合作，个人力求在团体中完成自我而蓬勃发展，呈现大家所乐见的欣欣向荣的景象。

在金字塔形的组织形式中，最常见成员互扯后腿、彼此妨害、各自防卫的毛病。在树状组织形式中，由于成员彼此互信互赖，不会产生本位主义，而容易化解矛盾。

枝叶能做的事，树干不要去做；树干能做的事，根部也不会去做。象征"干部会做的工作，领导不要争着去做"，符合管理的"例外原理"。领导处理例外性工作，而干部则处理例行性事务，彼此分工合作，才不致抢成一团而不能全盘照顾。

树干和枝叶比较起来，要强壮得多。因为如此，根部才觉得树干十分可靠，信任它去支撑众多的枝叶而不加以怀疑，即使枝叶随风摇动，仍然相当放心。可见干部必须既有能力又表现得十分可靠，领导才会放心。否则领导放不下心，对干部多加干扰，员工又怎么能够信赖干部呢？员工能不能信赖干部，事实上和领导是否信任干部具有非常密切的关系。同时，领导是否信任干部，又和干部本身是不是表现得可靠密不可分。靠得住的干部，领导自然放心，员工也因而热心，所以干部的修为，乃是上下合作无间的关键所在。

带团队

避免上侵下职的坏现象

所谓上侵下职，就是上司把下属的事情抢着办了，反过来指责下属偷懒、不负责。前面一直讲领导要放手让干部去做、干部不要抢员工的功劳，都是避免上侵下职的出现。

实际上大多数人也自认乐得清闲，他们经常这样说："我并不是天生的劳碌命，一定要折磨自己才甘心。下属会做的，我当然让他们去做。但是下属做不来、做不好的事情，我要花那么多时间去教他们，不如自己做，反而方便得多，至少不必受气。"

除此之外，还有更多的理由，使上司宁愿自己动手去做，也不指导、辅助、监督下属去完成。

- 看不惯下属笨手笨脚的样子，总觉得自己三两下就可以完成，下属怎样都比不上。
- 忍受不了下属缓慢的步调，认为他们不如自己那么快速敏捷，一下子就能决定、动手、办妥。
- 不愿意承受下属爱做不做的刁难，干脆自己动手，表示"你不做，我照样可以完成"，难不倒我。
- 不放心下属马马虎虎的态度，害怕让下属弄坏了，自己再来收拾，更加麻烦。于是自己动手，以求安心。
- 不希望下属以为"非他不可"，好像上司毫无能力，一切都要靠他。因此做给下属看看，我也有一套。

- 怕上司认为自己偷懒或者缺乏能力，所以始终保留一些工作来保护自己。
- 认为有一些不能让下属了解或参与的事，基本上就不应该让下属去做，必须自己动手，才能保守秘密。

上司用这一大堆理由来支持自己的上侵下职，并且把所有责任都推给下属。然而，仔细追究起来，这些理由都站不住脚，根本不成理由，不应该拿来当作借口，掩饰上司的错误。

- 看不惯下属笨手笨脚的样子，上司最好反省，是不是自己给下属造成太大的压力，他才会这个样子？在上司不看下属的时候，下属就自在得多；上司看他，他就紧张得要命。这样的话，不如不看下属，让他自己去调适，他自然越来越轻快灵巧，有时还可能超越上司。
- 忍受不了下属缓慢的步调，证明上司的忍耐力不强，不能体谅下属的处境。下属在上司面前，永远显得比上司慢半拍，因为他对上司有所顾虑，必须多花一些心思去想上司可能的反应。上司在下属面前，通常比较有魄力，可以马上决定，立即行动，这是优越的形势使然，不一定真的赢过下属。若是下属心中根本没有上司的存在，决定、行动之前毫不顾忌上司的反应，对上司更为不利，上司必须更加谨慎，防止产生严重的祸患才是。

- 不愿意承受下属爱做不做的刁难，也是上司缺乏自我反省的表现。上司不应该指责下属爱做不做，应该检讨自己，为什么弄得下属如此爱做不做？赶紧设法加以改变，而不是干脆自己动手。和下属赌气，并不是上司应有的态度。
- 不放心下属马马虎虎的态度，很可能是上司对下属不信任的结果。通常上司越不信任下属，越可能对下属产生不放心的感觉，以致下属无论怎样认真，在上司的眼中，都是马马虎虎的样子。这种主观的偏见，必须由上司自己来修正。要经由小小的信任，通过不断的考验，赋予下属更大的信任，下属自然不敢（至少不好意思）马马虎虎。上司由不放心而变成稍微放心，进而到达放心的地步，才是上司自求多福的有利途径。
- 不希望下属以为"非他不可"，其实是上司对自己缺乏信心的缘故。深具自信的上司，巴不得下属个个认为"非他不可"而勇于任事。只要真正把事情做好，"非他不可"并不是坏事，下属就算有这样的感觉，上司也不应该存心给予挫折，以免打击士气。当然，我们并不希望下属从"非我不可"到"奇货可居"的地步，只要预先防止下属垄断、包办，并不需要在下属面前逞能，表示上司自己也有一套。
- 怕上司认为自己偷懒，或者缺乏能力，更是没有必要的顾虑。果真遇到这样的上司，让彼此的缘分早日结束，一点也不可惜。我们常常小看了自己的上司，错怪了上司的评鉴能力，结果害了自己。
- 不能让下属了解或参与的事，实在少之又少。因为真正的机密，组织必定有一套严密的保护措施，不可能由个人来决定要不要保密。除非有特别交代，一般都不需要上司操这份心。上下之间有这样的提防心，大概很难产生高度的默契。

上侵下职和上司是不是天生的劳碌命也扯不上关系。把下属应有的工作空间归还给下属，让下属在自己的工作空间里，学习、磨炼，并且获得成就感，是上司应有的修养。下属能做的事情，让下属去做，上司越少干预越好，这样下属才能够自己承担应有的责任，加深"自作自受"的体会。上司依循"例外原则"，要做的事情仍然很多，包括合理地指派工作、全面掌握下属的动态、及时加以指导和辅助、确保下属如期完成使命等，实在也不轻松，更谈不上偷懒。

上侵下职，不但妨害下属正常的学习、成长，而且破坏上司与下属之间的合理关系，必须及早加以改善。

员工要学会安上司的心

中国人当然深知"向上管理"的奥妙，在于"能做不能说"。

我们不像西方人那样，公开说什么向上管理，徒然惹得上司心里不舒服，对自己也不利。

向下管理尚属不可明言，何况是向上管理？上司觉得好笑："我都不想管你，想不到你还想来管我！"不免下定决心，先下手为强，整整你，看你还敢不敢来管我？

在很多人看来，为人处世的第一要则，便是"潜龙勿用"。通俗地说，就是"遮遮掩掩"，善于隐藏自己。

向上管理的基础，在安上司的心。唯有上司安心，才有向上管理的可能。若是一开始便惊动上司，引起上司的怀疑和不满，根本没有向上管理的可能，不过是空口说白话，说得好听而已。

要上司安心，事实上很不容易。上司对下属，固然十分放心，却经常放不下心。这种说不出来的滋味，若非亲历其境，往往难以体会。放心尚且不易，安心更为困难。想安上司的心，至少要做到三件事情。

第一，确实把自己分内的工作做好。任何组织成员，都有其职责。工作做不好，上司很担心，当然难以安心。工作很努力，成果不明显，上司也放不下心。唯有以"用心做事，确保成果"来代替"努力工作，尽力而为"，才能够使上司安心。

用心做事，把自己的心和事情结合起来，将自己的心思渗入所办的事情里面去，自然具有"确保成果"的决心和信心，上司才能够放心，把一颗七上八下的心，安放下来，当然安心。

第二，要适时向上司汇报工作进度和预期的结果。一个人用心做事，难保没有遭遇难题，或者受到外来的干扰，能不能如期完成，结果是否良好，常常令上司觉得不安，产生"问也不好，不问也不好"的矛盾心理。

下属最好能够适时地向上司汇报，工作进行得如何，有没有遭遇到什么困难，是否已经解决，后面的进程如何，能不能如期完成，有没有圆满达成的把握……

上司不方便问，主要是顾虑到下属的面子。下属主动向上司汇报，一方面自己有面子，另一方面也使上司安心。上司最担心害怕的是，一直认为没有问题的事情，到了即将验收的时刻，才发现不可能完成，或者品质较差。这时候，时间被耽误，难以补救。下属再承认错误，再愿意负起责任，上司也无法安心。

第三，处处顾虑上司的立场和面子，不令其为难。越有能力的下属，越需要留意上司的面子问题。因为平时给上司的压力已经相当大，稍不留神，便可能"功高震主"，让上司觉得没有面子，而恼羞成怒。

上司再看重下属，也要站稳自己的立场。有些事明明想满口答应，也会顾虑其他同人的反应而犹豫不决。有些事情想要破例允许的，一旦公开出来，也会断然拒绝。下属唯有处处顾虑上司的立场，才能够获得上司的全力支持，也唯有保住上司的面子，上司才敢放心地让这样的下属去施展实力。

上司安心、放心，自然会有"你办事，我放心"的心态，对于下属的建议，多半听得进去，也乐于采纳。遇到什么问题，也敢于找下属商量，提供参与的机会。这样一来，向上管理的实际行动，已经默默展开，也容易在"不惊动上司"的情况下，获得较佳的效果。

对上管理能不能持续进行，效果能不能不断增强，主要看下属能不能做到下面三件事情。

第一，把功劳让给上司，不和上司抢夺功劳。下属用心做事，确保成果，把功劳让给上司。上司欣慰、喜悦之余，自然更加信任下属，更有信心采纳下属的意见，更乐于接受下属的影响。

和上司抢夺功劳，不但抢不过上司，而且容易引起其他同事的不满，这比让上司伤心的后果更为可怕。

第二，主动向上司提出有关未来的预测和筹划。一般人只顾眼前的工作，应付目前的问题已经焦头烂额，当然无法向上司提出未来的计划。但是上司更关心未来，因此能够预测未来动向，并且未雨绸缪的下属，常常更能获得上司的器重。

第三，不让其他同事、朋友知道自己具有多少影响力，向上管理的成效才能够持久。同事的谗言、朋友之间无意的传言，都足以引起上司的警觉，使其不敢过分相信下属，甚至刻意加以疏远。毕竟人言可畏，上司听到一些闲言碎语，总会自我克制，以求保护自己，不受下属左右。

何况同事、朋友一旦明白自己在上司面前的影响力，就会动脑筋，加以利用。不是托关系，便是希望沾一点光，占一些便宜。让人家知道自己有左右上司的能力，固然多一些光彩，却也必然增加许多麻烦。

更要小心的是，上司可能会因此用心摆脱你的影响，这对你十分不利。

采取有效的激励方式

所有人都有情绪变化。在中国式团队中，对员工的情绪起伏如果不能够时时注意，处处加以激励，员工就很容易陷入低潮而什么都不做，影响到修己安人的管理效果。

自我激励是不错的选择

领导想要激励员工，必须了解他们的需求。员工的需求非但变动得很快，而且十分不容易满足。人人得寸进尺，晋升一级还企盼多多提拔。

刚刚获得激励，员工大多能够心存感激。不久之后，似乎时过境迁，记忆逐渐模糊，竟然由于看不到上司关爱的眼神而觉得自己已经被遗忘，因而辗转难眠。

为什么会这样？说起来和我们的激励方式具有非常密切的关系。人情的冷暖、世态的炎凉，令人触目惊心，以致人人不敢大意。反过来说，正由于领导随时可能翻脸不认人，随时可能给人家脸色看，才使员工怀疑心极重而警觉性极高。对于自律、自主的人来说，未尝不是另一种形态的激励，我们称之为自我激励。

曾子所说的"吾日三省吾身"，固然可以当作自律的习惯，实际上也是十分有效的自我激励。每天再忙碌，也要留给自己一点时间，冷静地想一想：今天有没有尽心尽力？对朋友、同事、家人，有没有不诚信的地方？学到的东西，有没有把它变成习惯，以便纯熟地应用？做得好的地方，给自己一些掌声，自我激励一番，振奋自己的斗志，增强自己的信心；做得不够理想的地方，就应该不后悔也不找理由搪塞，认真检讨自己该做些什么根本性的改善。

个人如此，组织也应该这样。领导最好利用下班之后的一小段时间，和下属喝喝茶、聊聊天，反省一下今天的所作所为，有哪些是值得喝彩的，感谢大家的帮忙，必然有助于提升士气。遇到不如意的事，也要趁机检讨改进，互相劝勉，彼此鼓励，然后互道再见，明天更有一番新的气象。

上司的脸色也是好方法

自我激励之外，也需要他人的激励。中国式团队中有种激励形式，可以说最为方便有效，那就是上司的脸色变化，不必花费任何金钱，便能够达到激励的目的。

上司脸色不好看，下属就会自动调整。天底下还有比这种激励更方便的吗？有人批评这种作风太过官僚，已经不合时宜，那为什么不想一想：有些人脸色再不好看，也不会产生任何作用。可见用脸色的变化来暗示，促使下属自我反省，并且及时做出合理的改变，恐怕也不是任何人都做得到的。这种不明言的激励，随时随地都可以使用，而且不会惊动不相关的人，岂不简便、安全而又有效？

用暗示代替明白表示出来，实际上表示一种尊重，一种包容，对双方都有好处，一切尽在不言中，若非具有某种程度的默契，实在不容易做到。

情绪的起伏随时有变化。持续性地保持"我愿意"的高度竞争力，有赖于随时随地做好激励的措施。求人不如求己，所以自我激励最有效。但是缺乏自我激励的人很多，因此用脸色来暗示，采取没有声音的激励，更能够顾全大家的面子，就成为常用的方式。

脸色的暗示，一定不能明言，否则就会失去效用。上司脸色不好看，下属若是明白地请示"是不是对现况不满意？"，上司还要加以否认，嘴上推说"牙痛"或者"身体不舒服"，而脸色则继续保持不好看的样子。下属仍然不明白，上司可以通过亲信，告诉下属赶快自动调整，不要在"是或不是"上面浪费时间。

不明言，彼此都有面子，以后相处会更加融洽。一旦明言，就有撕破脸的可能,彼此心中有疙瘩,到了紧要时刻,下属很可能会有所保留。

升迁是激励的最好形式

中国人对于升迁的态度,大致是这样的:我不会强求;然而应该给我的,我会当仁不让;我不来请求,希望你能够主动想起;我可以谢绝,但是上级不能不考虑到我,否则我很没面子;我不一定要升迁,可是面子不能不顾;我不在乎把机会让给别人,至少要尊重我一下;如果连这些基本的动作都没有,那未免欺人太甚,过分看不起我了。

我认为,每一个人不要太过于企盼升迁。人很可怜,你当科长当得很愉快,但是升迁到经理,就会把自己搞得焦头烂额,这是最大的苦恼。你升到经理这一级,就不要往上爬了。一个人保留一些弹性,才会海阔天空。

特别是升到副总后,就绝对不能表现出希望升迁的意愿,你已经是"一人之下,万人之上"了,还要升迁,就只能赶走自己的上级,事实上,最后被赶走的往往是你自己。当副总的人一定要小心翼翼,因为一不留神就会犯了正总的忌讳。当听到总经理住院的时候,副总经理千万不要第一时间去看他。因为总经理可能有两种想法:一种是你真的很关心我,一种是你急着要接班。到底是哪种想法,全在他一念之间,就看你们的默契程度如何。

塞翁失马，焉知非福。升迁固然是种收获，不升也未必是一种损失。胡雪岩当年就曾拒绝过升迁，他原来是业务员，后来升到业务经理。他的业绩一直很好，所以老板就想升他为副总，但他拒绝了。老板感到很奇怪，职位高了，薪水也多了，为什么不干呢？胡雪岩说："如果我当了副总，就不好意思常常跑出去谈业务，会失去很多机会与关系。而且少年得志，会限制我的成长，不如在外面跑业务，可以丰富见闻，拓展人脉，对我的成长也有帮助。"

关于升迁，我有两个看法。

第一，公司里面每一个人都能快速升迁，就等于没有人升迁。

第二，你有机会的时候，不一定要把握。有人会说，机不可失，时不再来，其实不然，如果表现得好，以后还会有机会。你现在把机会拱手让给别人，说明你的涵养好，对你不见得有坏处。别人担任这个职位后，做得不好，你可以吸取他的教训；做得好，你可以吸收他的经验。初看起来，是别人抢了你的位子，实际上他们做了你的"探路石"。另外，争强好胜的人，往往会引起别人的戒心，结果只抢到小的抢不到大的。

员工的升迁之道

下面有三个要诀，是员工升迁的有效途径。

第一，把自己的本职工作做好，还要找时间替上司分忧解劳。一个人只能够把本职工作做好，根本没有多余的时间去探望上司，陪他聊天，替他分忧解劳。上司看在眼里，心里已经十分有数："这个人被现在的职务弄得筋疲力尽，不能再考虑让他升迁了。"

一个人若是本职工作没有做好，却一天到晚挤在上司身边，陪他聊天，常常问他有没有什么需要帮忙的，大家一定骂他"拍马屁"，而上司也觉得奇怪："不去做事情，老在这里转来转去干什么？我敢叫你帮忙吗？难道不担心你帮倒忙？"

工作做不好，还想替上司分忧解劳，是典型的小人行径，为君子所不齿。

工作做得好，却不知道替上司分忧解劳，是自绝于升迁的大道，不能责怪上司，必须自我检讨。

懂得"兼顾"的人，一方面把本职工作做好，让上司从"放心"到"赏识"；另一方面会借着请示、报告、聊天的机会，为上司分忧解劳，暗示他不但有余力可以办事，而且对上司忠诚、关心，值得信赖。

上司在赏识之余，加上常常临时交办各种事宜，逐渐对其产生信赖感。彼此的关系越拉越近，一旦出现升迁的机会，自然会优先考虑，甚至极力推荐。

第二，善于体会上司的旨意，帮助他达成正确决策。下属只知道凡事都向上级请示，上司就会觉得这个人不是不喜欢动脑筋，便是害怕负责任，用请示来把责任推给上司。而且请示时常表示自己无能，因为不懂得怎样做的人，才会处处有问题。可见经常请示的下属，获得升迁的机会并不大。

反之，自己很有把握，并且口口声声"自己负责"的人，其实也令上司担心害怕。首先上司会觉得"这个人目中无人，自视太高，很容易出差错"，其次则认为他"擅自做主，心目中根本没有上司的存在；既然他看不起我，我又何必照顾他"，同时觉得可笑："他要自己负责？真是天大的笑话！也不自己照照镜子，他能够负什么责任？结果还不是我倒霉？"有能力的人，常常失去上司的信任，表面上看，好像是上司患有"妒才症"，实际上是下属自己"功高震主"，当然死路一条。

"兼顾"的智慧，表现在"自己有把握，却应该尊重上司的裁决权。我必须自己负责，但是事先要获得上司的许可"。

脑袋空空便跑去请示，是开自己的玩笑，让上司看不起；有了主意就擅自做主，是忽视了上司的决策权力，势必引起上司的不满和不安。自己动脑筋，想到好点子之后，带着腹案去请示，先把自己的想法说出来，提供上司思考的方向和判断的素材，并且尊重上司掌握的权力。这时候上司不费吹灰之力，便能够做出正确的决策。他很有面子，你又容易执行，对大家都有好处。这种人的升迁机会，当然比较大。

第三，在上司面前表现，也要让下属有机会充分发挥。要是你只注意到在上司面前表现，不知道同时要把空间让出来，使下属也有表现的机会，下属就会对你产生很大的不满，背地里讥讽你只会"表面功夫"，专门卖弄给上司看。

如果怕上司产生一种错觉，认为你的下属更加能干，哪一天心血来潮，让你的下属取代你，最好的方式，是和下属建立默契，采取"区隔"的原则：上司不在场，尽量让下属表现，自己则扮演辅助者、评估者、激励者的角色；上司在场时，由自己来表现，希望下属提高忠诚度和配合度，全力证明你的能力和魄力。平常，只要时间许可，尽量让下属去表现，在工作中增强下属的能力，加强他们的信心；一旦遇到紧急情况，时间不许可，你才挺身而出，身先士卒，做出有效的决定。

以上三要诀，主要在"兼顾"。不但要顾及上下之间的关系，而且要顾及左右之间的运作。上下左右面面俱到，便会助力多而阻力小，当然升迁有望，而且实至名归。

领导的升迁法则

首先，升迁应该有原则，却不应该有固定的原则。领导如果确定公司的升迁原则为内部升迁，马上会引起自己人的自相残杀，最常见的情况是一些人联合起来，把最有可能升迁的人逼走。因为不把最好的赶走，大家永远没有希望。若是明白表示以外聘为原则，那么公司内部就会团结起来，宁可拥戴自己的同事，也要联合对抗外来的"空降部队"。因为，此时再不团结，真是"去此一步，便无葬身之地"了。所以不可以明确宣布原则或政策。

关于接班人的问题，皇族之间的传承影响最大。汉族的规矩是"传位给长子"，即所谓的"立长"，偏重年资而不考虑能力。万一长子不贤明，朝政就一塌糊涂。满族采取相反的主张，"传给儿子中最有能力的人"，即所谓的"立贤"，结果是手足相残——为了表示自己最有能力，当然要杀尽所有的兄弟。可见十全十美的原则实在难找。我们重视"兼顾"，便是看到所有原则几乎都有利有弊。

其次，升迁不应该有固定的原则，却又不能不订立一些原则。所有原则，都是不得已而设的。

升迁是"十目所视，十手所指"的事情，怎么能够"暗箱作业"，不透明化也不明确化呢？

不说原则，大家会认为，"根本没有原则，完全看领导个人的喜好"。虽然大家心里都很清楚：职位愈高，愈不敢开自己的玩笑，乱升迁、滥用自己人，很可能搬起石头砸自己的脚。然而，我们宁愿取笑不说原则的人为没有原则，作为"没有获得升迁"的"苦中作乐"，好让彼此都轻松一些。

一说出原则，大家就说它是"为某人量身订制的标准"。每当原则要宣布时，当事人已经若隐若现，大家当然很不服气："这算什么原则？干脆指定人好了。"

既然要担任领导，就要有勇气，敢担当，所以要硬着头皮说一些好听的原则，反正"说归说，做归做"，有什么了不起！

更何况任何原则，初听起来，都有相当的道理。只是不能够太过强调，也就是不可以过分坚持，否则就会产生偏差，造成错误的结果。

说到差不多的地步,做到差不多的程度,这才是良好的策略。好在中国文字和中国语言的弹性很大,正好配合这种需求。

领导所说的原则,受惠的人都认为够明确,而且坚持得很彻底,一点也不含糊。没有获得好处的人,则挖苦说既然是度身定制的衣服,当然合身,还有什么话说?

严格说起来,没有一个原则可以百分之百地贯彻,这也是"说归说,做归做"的另一种无可奈何的命运。"清者自清,浊者自浊",是因为很难客观地判断到底是清是浊。

最后,升迁的原则是配合当时的情境,做通盘的考虑,自行权衡其中的利害。

这种实实在在的原则,叫人怎么说得出口?又如何能够公开化、透明化?可做、不可说,就是这种状况。

中国人向来主张"妥当性大于真实性"。所以升迁的原则,其实大家心知肚明,偏偏就是说不出来;因为它固然真实,却很难说清楚。

配合当时的情境,当然很有必要。但是情境不但是变动的,而且是相当主观的。有时候能力比较重要,有时候可靠性更要紧。有些人非酬谢他们不行,有些人则不加以惩罚不行。这些事情,看法本来不一,怎么能够明言呢?职位越高,所牵涉的情境越复杂,越说不清楚。

做通盘考虑,也是领导的一大难处。别人可以就事论事,领导则必须"把此事与彼事一并思考"。职位越高,涵盖面就越广。

因此考虑的结果,也很难明白地沟通。

"为什么把我换掉?我做错了什么?"问这话的人,固然理直气壮,因为他的确兢兢业业,十分努力。

"做得好的人不一定不换,做不好的人不一定马上撤换。"领导能够说这种真话吗?能够让下属明白这样才叫通盘考虑吗?

真正懂得利害的人,会以能安的利害为诉求,摒弃可能不安的利害,那就利多于弊,近于合理了。

升迁的原则本来就不是单一、固定的,大家对领导的升迁行为,永远有褒有贬。要紧的是,主其事者必须公正,站在"安人"的立场来考虑,经得起大家的考验。

第六章
团队外部要互利互惠

提高自身核心竞争力

对中国式团队进行管理的目的在于增强团队自身的实力,而要达到这样的目的,在团队内部进行持续的改善是必不可少的环节。

改变创新观念

我们要通过精益求精,力求改善来增强实力,所谓"日日新,又日新"。"日日新"不是现在所讲的创新,天天都创新就会丧失根本。新是好的意思,不断地改善,越来越合理,才是好的。我们要研究如何使产品线合理、价格合理、功能合理、质量合理,而不是翻新。新的未必好,可口可乐公司曾经把产品秘方更新,结果却招来消费者的集体抗议,真是弄巧成拙。

现在很多人盲目地变花样,变到最后,江郎才尽。很多观念认为新就是好,我从来不这么认为。任何产品没有经过时间的考验,都是高度危险的。我不会去新开张的饭馆吃饭，一般等它开一年左右，如果它依然是顾客盈门我才去，因为我从不想当试验品。

任何产品如果经不起时间的考验，很快就会被淘汰，根本不是好东西。"又日新"是指改善，改善就是不断进步，达到合理的状态。如产品包装不合理，就换一个包装，而不是换产品。

提高专业水平

团队的成员应该从提高个人的专业水平入手，强调把平时的工作做好，才能切实地达到改善的目的。同时要扩大自己的视野。一个人只有专业没有视野，就会枯燥无味，毫无乐趣可言。扩大视野，才能够从各方面来综合分析情况，这叫通。

做工作一定要专心，如果你的团队能够做到把眼前的人视为最重要的人，把手上的工作视为最重要的工作，将此时此地视为最重要的时间和空间，那么这个团队就是优秀的团队。

发展核心业务

对公司来讲，要专注于自己的几项重点产品，不要大小通吃，什么产品都想生产，产品线越多，风险越大。一个人长得太高、太胖的时候，动作就会不灵活。所以小企业有小企业的好处，船小好掉头。

达成共识建立密切关系

中国式团队在做好了自身的内部管理之后，要想进一步地做大做强，就应该善于利用外部的资源和伙伴，采用"合纵连横"的策略来有效地分担和降低参与市场竞争的风险。在将外部的团队纳入自身的团队建设体系之后，对之进行高效的管理就成为重点。

曾经非常红火的供应链管理，实际上就体现了对外部附属团队实施管理的思想。与中国式团队的内部管理一样，要使得外部附属团队与自身产生密切的关系，也必须从建立相互之间的共识开始。

大同小异的管理理念

大同小异有两个层面，从同的层面去看，越看中国人越相同；从不同的层面去看，会发现每个人都不一样。为什么？因为中国的文化根深蒂固。中国的思想家能够把高深的哲理通俗化，让人们能够口耳相传。普通老百姓不需要专门学习，耳濡目染就学会了。受中华文化影响的中国人基本上是大同的，然而，因地域不同，每个人都会有差异。

公司也一样，每一家公司都是"麻雀虽小，五脏俱全"，但是仔细看来，每家公司都不一样。

不同的公司如何引领团队呢？在内部团队中，领导者负有

70%的责任，领导者是什么样的人，其下属慢慢会变得跟领导者一样。在中国式团队中，下属最擅长揣摩上意。上级领导即使不说话，也传递了很多信息，因为下属会猜测。领导有什么意图不需要讲得很清楚，否则下属就会不动脑筋思考，掌握不到真正核心的东西，这个团队就会变得唯唯诺诺的。此外，领导一讲清楚就听不到不同的声音，所以要讲得含含糊糊，看看大家的反应。

对外部团队的管理也是同一道理，核心企业负有70%的责任，其他团队成员向核心企业看齐，但不能绝对一致，而是保持大同小异的状态。

合作密切，但要适度

在矛盾中求平衡

中华文化充满了矛盾，一方面说礼让为先，一方面说当仁不让，那到底要不要让？答案只有一个，你自己看着办。古人的话，千真万确，有根有据，但是不能全信。中国人最厉害的是同时讲两句互相矛盾的话：人心不同，各如其面；人同此心，心同此理。所以中国人在讲东的时候，想到西；当讲到西的时候，想到东。只有将正反两方面整合起来、兼容并蓄，才可以找到合力点。中国人说"事无不可对人言"，又说"逢人只说三分话"，这是非常矛盾的，你要在坦白和保留之间找到一个平衡点，对张三保留七分，只讲三分，对李四保留三分，只讲七分，随时随地因人而异，这是高度的艺术。

前面说过，领导嘴上要讲一视同仁，心里却想着差别对待。

这就要求，核心企业在刚开始管理外部团队时，要一视同仁，但在一视同仁的同时，考验每一个团队成员，差别对待。

至于如何差别，不是你主观决定的，而是要经过多方面的考量。表现好的可以给予一定的优惠政策；表现不好的就要督促其改善；有异心的，要对其多加防范。

在怀疑中求信任

领导不能随便相信一个人，也不能随便怀疑一个人，这都是非常冒险的。一个人必须要经过不断的考验，直到完全通过考验才可以让领导"用人不疑，疑人不用"。

胡雪岩的师傅常常把钱丢在地上，看他捡了以后是自己留下还是交给师傅。如果一个人捡到钱不交上来，表示这个人是贪财的。胡雪岩捡到十几次，都交给他师傅了。他师傅临终的时候才跟他说："你常常捡到的钱，其实是我丢的，结果你每次都交给我，我就知道你很诚实。"

要想确定干部是否可信，最好的办法是试探他，而不是观察他。

我当总经理的时候，常把财务经理找来，对他说："我们的财务有危机，你看怎么办？"我只是在试探他，想看他有什么反应。对待采购人员，我就让我的朋友送他一笔回扣，看他收不收。收了，我就知道他不可重用；不收，我就会充分地信任他。

当你真的怀疑你的干部时，也不要直接表明你在怀疑他，而是先不动声色地试探，以免怀疑错了，大家撕破脸不好收拾残局。

巧妙的质疑方法

有一个干部突然戴了一块劳力士手表上班，老板看到了，应该怎样做？如果直接问他"你怎么会有劳力士手表？"，这就糟了，这样做就等于撕破脸，干部会认为老板在怀疑他。那正确的做法是怎样的呢？老板常常看干部的表，但是从不开口问。干部察觉后，就会说："这块表不是我买的。"老板如果问"那是客户送的？"，这就大错特错了，而是应该问："你说什么表？我怎么没看到。"明明看到了还装没看到，干部就会很紧张："这是我姑妈送的。"如果此时老板不追问一句的话，还是表示他在怀疑，若是轻描淡写地追问一句"你姑妈怎么那么有钱呢"，就可以打消干部的疑心。

管理外部团队和管理内部团队的道理相同，也要做到"疑人不用，用人不疑"。通过试探，判断出哪些人是可以信任的，这是当务之急。对人心存疑虑的话，就不可能建立思想统一的外部团队。

外部团队都是各自独立的组织，有着自己的利益出发点，基本上是合则留，不合则去。在考核外部团队时，应更加小心，以免引起不必要的麻烦。

在混乱中求稳定

我们把情、理、法的"情"摆在最前面，是有道理的。一个领导情绪稳定的时候，他所带的团队就不会蛮干，不会冲动，不会失去控制。领导没有能力没关系，没有学识也没关系，但是情绪一定要稳定。在领导情绪稳定的时候，什么事情都很好商量，因为大家都讲道理，凭良心做事。与外部团队合作，肯定会有很多摩擦，这时候，心平气和尤其重要。稍有不慎，受到损失的将是整个企业而不是个人。

总之，与外部附属团队建立密切的合作关系，要把握"度"，既强调"众生平等"，又合理地融入"亲疏有别"。对外部附属团队不能随便地建立起高度的信任，因为风险很大，而应该通过不断的考验以确定其可以信任和合作的层次，根据实际情况来区别对待。如果能够构建出与核心企业大同小异的氛围，即可以视之为成功的外部团队。

带团队

采取合纵连横的策略

中国历史上有很多宝贵的东西值得现代人学习，比如说合纵连横，用在现代管理中，就是不要把所有事情让一个人负责，一件事情由一个人负责到底，风险太大；把这件事情分解，让不同的人去做，你有你的强项，我有我的强项，大家各用所长不是很好吗？现在每个企业都要做大做强，如果统统是大企业，那没有进大企业的人岂不是没有生存发展的机会？一个社会要有大、中、小、老、中、青不同的形态，才会和谐。

现在很多企业不明白这个道理，盲目地做大做强，结果只会"树大招风"。比如，一家餐饮企业如果做得好，就开始搞连锁，但是大部分的连锁企业都垮掉了，因为照顾不过来。我在旧金山看到一对老夫妇，他们做的冰激凌非常好吃，每天来买的人都排长龙。我问他们："你们的生意这么好，为什么不搞连锁？"他们回答得很恳切："一搞连锁，我们的品质就不能保证了，就得关门，我们只有维持这个规模才能做出高品质的产品，规模大了我们就力不从心，何必要搞垮自己呢？"

所以说，经济规模可大可小，合理就好。

大、中、小企业按比例发展，整个市场才会均衡发展。而且，大企业要带领中型企业发展，中型企业要带领小型企业发展，有钱大家赚，这种观念才符合中国人的想法。大家分工合作，整体配合，共担风险，每个人都专心地做好自己分内的事，这样才能迅速发展。

"求全"即合作

有人曾经大力主张，中小企业要设法加以合并，组成大企业，以增强竞争力。然而，事实证明，面对21世纪快速变化的环境，企业规模大，应变能力反而较小，对于适应环境所做的调整，其弹性远不如中小企业那么灵活。加上合并前后的种种问题很不容易克服，因而，合并不如合作。

"求全"便是合作，一个个体能力有限，无法求全，必须多个个体同心协力，通力合作才能求全。

有心求全，心理上先要有"委曲"的准备。虽然是一家人，具有相同的血缘关系，仍旧是各有各的想法、各有各的作风，如果不能勉强自己、迁就别人以求保全家风，那么早晚相处中，小摩擦会变成大冲突，要想维持家人的和谐，谈何容易！

联盟合作的对象，就算理念十分相近，毕竟各有各的立场，各有各的苦衷，难免有不协调、不配合的现象，若是不能保持"委曲求全"的心情，哪里有长久合作的可能？各人退让一步，站在对方的立场来思考，凡事将心比心，以设身处地的态度好好商量，才能够达到长久合作的目的。

核心企业必须用智慧、爱心和耐心来开导、教养，协助其外部团队的成员，使它们心甘情愿地承担有能力担当且适宜担当的责任，这不是一件容易完成的任务。首先要把现有、将要发生及计划中期待产生的工作分门别类，做好通盘性的分配，以求其顺利有效地进行。把所有外部团队的成员都看成"外部的内人"，以"一家人"的心情，来征求其同意。如果有必要变更或临时变化，必须得获得众人的同意或谅解。

外部团队的和谐合作，其主要策略，即在委曲求全。核心企业对外部团队的成员"以大事小"，而外部团队对核心企业"以小敬大"，各自委曲，才能求全。善用中国人的"以让代争"，柔中带刚，为实现共同目标，各自机动调整，权宜应变，自然获得整体的配合。

与外部团队共同进步

企业还要搞好与上下游合作单位的关系，即与外部团队的成员搞好关系。

企业要与这些外部团队的成员有效地建立起共识，使它们类似卫星一般围绕在自己的周围，形成一个整体的系统。要达到这个目的，必须做到以下几点。

首先，提高外部团队成员的管理水平，在必要的时候全力支持它，否则它就不会成为你的固定伙伴。因为它是独立的，有自己的利润计算的标准。

其次，召开正式的沟通会议。企业必须保证在日常的工作中与外部团队的成员保持着联系。每年与这些供应链中上下游合作厂商至少要有一到两次的正式会议，沟通相互之间存在哪些缺失，并且就可行的改善策略进行讨论。

最后，通过培训加强沟通。企业外部团队与核心企业之间可能会存在管理水平上的差异，在这种情况下，应该注意在平时不定期地共同举办大大小小的培训课程，相互学习、共同进步。让大家想法一致，步调一致。

要形成分中有合的观念

在一个行业内，如果只是依靠一家企业自身的力量将行业链条中上游、中游、下游的事情全部做完，是不太现实的，这样的做法不仅对资源和管理能力提出了非常高的要求，同时也易造成顾此失彼的状况。所以要大带中、中带小，分中有合，表面上是分，本质上是合。

中国人对"分"与"合"有着独到的理解和认识。作为中国式团队的领导者，不应该把自己公司里的人才视为"内人"，把公司以外的都叫"外人"，这始终是"分"的观念。实际上，应该通过内部的外人及外部的一些内人来实现内外的沟通，形式上虽然是不同的公司，实际上是同一个团队，随时可分，随时可合，这样分中有合，合中有分，既保持灵活性又便于调整。

具备了这种观念，要在具体的实践中予以实现，需要领导者具有高尚的品德。我觉得，领导者最重要的是品德而非能力，总经理最重要的不是能力，专业人士的能力才更重要，比如说财务人员。什么都不懂的人才适合当总经理，这不是开玩笑。一个人从无到有固然不容易，从有到无更困难。见山是山，见水是水；见山不是山，见水不是水；后来又见山是山，见水是水了，这才是人生的过程。一个人学了很多，很想表现，这是第一个阶段；等到表现得差不多了就不想表现了，让别人去表现，自己来欣赏；到最后达到有表现与没有表现一样的效果。

外包厂商的管理

现在有种生产形式叫外包，外包是降低成本最好的方法。

如果你觉得与外包厂商没有建立密切的关系，它不跟你配合，怎么办？怎样使外围附属的团队跟你关系密切，是很富有中国人特色的内容。所谓分中有合，合中有分。如果一件产品被拆成七八个零件，到底是好做的给别人做，还是难做的给别人做？一般人会认为当然是难做的留着自己做，才能够控制质量。其实不然，你要把难做的给别人做，好做的留下自己做。因为你把好做的给别人做，别人会想：这么容易做，那我直接做完整的产品好了。你要把难做的给别人做,他会想:我做的这部分这么难,而我做的应该是最容易做的部分,那做整个产品就更困难了。这样,外包厂商会比较安心干活。

建立重义气的人际网络

关系公司之间分中有合,合中有分,既具有高度的自主性、灵活性,又具有高度的配合性,这才是领导努力的目标。要达到这个目标,就要构建一个重义气的中国式的人际网络。

培养重义气的合作伙伴

西方人不太相信义气,他们觉得义气非常不可靠,他们重法律,凡事都签合同,按约定进行。中国人重义气,我辅导过很多企业,它们合作时没有明文规定,没有合同,但合作得很好。后来,这些企业认为时代不同了,应该向西方学习,要签合同,结果合作关系反而出现裂痕。因为中国人签字的时候是很慎重的,害怕签字以后将来对自己不利,所以签字前必定要求对自己有利的条件,对方也是如此想法,这样双方就起冲突了。两家公司本来合作得很好，完全没有合同，突然有一方公司要求签合同，结果使两边的距离越来越远，各人想各人的，以后就没有办法通力合作了。外国人刚好跟我们相反，他们认为法律是保障双方利益的。

我认为，用汉字来定契约是非常危险的，因为汉字的弹性太大，怎么解释都有道理，到最后只是保护了不讲理的那一方。所以不定契约无所谓，一定契约就要坚持，要进一步，否则就会吃亏，双方各进一步就可能无法合作。

历史上，三国时代有那么多英雄人物，最受后人景仰的是谁？不是曹操，也不是诸葛亮，最受景仰的是关羽。关羽有功也有过，他凭什么获得这么高的地位？中国人的传统做法是盖棺论定，把人分好坏，是好人，则坏的方面都不提；是坏人，则好的方面都不提。关羽就是被中国人充分美化、神化的人，因为关羽讲义气，而中国人又特别重视义气。中国人自古以来就有侠义之风，路见不平，拔刀相助。当我有难的时候，寻求你的帮助，你还要定契约，还要调查，我还认识你做什么？中国式的管理把世道人心都结合在管理里面了。

因此，领导者应该强调建立起不重形式的相互信任，平时多投入时间进行相互的沟通和了解，关键时刻别人才能够舍生取义，提供及时的帮助和支持。在如今这个瞬息万变的时代，这种领导者之间的关系才是参与市场竞争的优势所在。

领导者不需要整天都待在公司里，实际上，当你离开公司的时候，公司内部比你在的时候更和谐。作为一个领导，一定要做到我在不在公司都是一样的，如果领导不在，公司运行就不好，那表示领导有很大的问题。理想的状态是，领导定好目标后，可以随时抽出时间来，随时去和合作伙伴沟通。因为执行不是领导的事，而是干部的事。

培养可学习的竞争对手

《三国演义》中，在火烧赤壁以后，诸葛亮安排了几路人马拦截曹操，最后一关就是由关羽把守的华容道。诸葛亮本不想用关羽，怕他念及旧情，放曹操一马，后来关羽立下军令状，诸葛亮才迫不得已让他出马。结果，关羽还是因一念之仁，放过了曹操。许多人看到这里，都替关羽惋惜，认为他失去了灭曹的大好时机。其实，就因为他放过曹操，才是很了不起的人，他绝不是妇人之仁，而是从大局出发——曹操杀不得。如果那时把曹操杀了，刘备也就没有前途了，孙权会把曹操的人马收编过来，顺便把刘备也灭掉。所以，那个时候，是不能让曹操死的。有时候，适当培养几个敌人，才是生存之道。

又比如司马懿，如果说司马懿中了空城计，就太小看司马懿了。司马懿从小就熟读兵书，一眼就能看穿诸葛亮的空城计。但是，司马懿很高明，他如果识破空城计，挥军而上把诸葛亮杀掉，他就没命了，因为没有诸葛亮，他完全没有被利用的价值，很可能被魏帝杀掉。所以他将计就计，说了一句"孔明真神人也"，从此不打了，领着高薪不工作，舒舒服服过日子。

《三国演义》的这两段故事告诉我们，要培养几个敌人，你才有事做，你把竞争对手统统都干掉了，你自己也会垮。从另一个角度说，竞争对手就是你的老师，我们应该善于向敌人学习。司马懿的老师就是诸葛亮，每打一次仗，司马懿就从诸葛亮那里学到很多东西，还不用交学费。司马懿最大的长处就是能够承认"我不如你"，他活了七十六岁；周瑜没有这种度量，结果三十六岁就死了。一个人愿意承认自己不如人家，就可以达到海阔天空的境界；总想着"我一定要把你干掉"，最后对方没有死，你可能反倒先死了。

我在前面提到了很多中国人的特殊想法、特殊做法，不要觉得中国人怎么有这么多缺点，其实这没什么不好。凡是认为中国人不好的，都是按照外国人的标准来看的。其实外国人有外国人的生存之道，中国人有中国人的生存法则，环境不同而已。

我们的企业员工、合作伙伴基本上都是中国人，所以要学会用中国人自己的方式去管理、去沟通，生搬硬套外国人的经验有时会起反作用，只有找准中国人的行为特征，对症下药，才能药到病除。